Ernst Schäfer

Luther als Kirchenhistoriker

Ein Beitrag zur Geschichte der Wissenschaft - Erster Teil

Ernst Schäfer

Luther als Kirchenhistoriker
Ein Beitrag zur Geschichte der Wissenschaft - Erster Teil

ISBN/EAN: 9783743667891

Hergestellt in Europa, USA, Kanada, Australien, Japan

Cover: Foto ©ninafisch / pixelio.de

Weitere Bücher finden Sie auf **www.hansebooks.com**

Luther als Kirchenhistoriker.

Ein Beitrag

zur

Geschichte der Wissenschaft.

Erster Teil.

Inaugural-Dissertation

zur

Erlangung der Doktorwürde

eingereicht bei der

Philosophischen Fakultät der Grofsherzoglich Mecklenburgischen
Landes-Universität zu Rostock

von

Ernst Schäfer, Cand. min.

Gütersloh.
Druck von C. Bertelsmann.
1896.

Referent: Herr Professor Dr. Fr. W. Schirrmacher.

Die vorliegende Arbeit, über deren Zweck und Begrenzung in der Einleitung das nötige gesagt ist, bildet den ersten, allgemeinen Teil eines binnen kurzem unter dem gleichen Titel erscheinenden Buches, das in seinen beiden weiteren Teilen eine genauere Besprechung von Luthers historischen Quellen, sowie eine Zusammenstellung seiner kirchenhistorischen Kenntnisse aus seinen Schriften enthält.

Für freundliche Förderung seiner Arbeit spricht der Verfasser dem Herrn Referenten, Professor Dr. Schirrmacher in Rostock, Herrn Professor D. Drews in Jena sowie der Stadtbibliothek zu Hamburg und den Universitäts-Bibliotheken zu Rostock und Jena seinen verbindlichsten Dank aus.

Altona, den 21. September 1896.

Je eindringlicher man sich mit Luther beschäftigt, um so gröfser und imposanter wird er dem Forschenden. Freilich bekommt man auch einen tieferen Einblick in die menschlichen Schwächen des deutschen Reformators, aber um so schärfer treten zugleich die hervorragenden Züge desselben ans Licht und erwecken mit der Achtung vor dem Gewaltigen die Lust zu weiterem Studium.

Dafs dem so ist, beweisen deutlich die geradezu unzähligen grofsen und kleinen Schriften, welche seit dreihundertundfünfzig Jahren über den Reformator erschienen sind und die sich sowohl mit seiner Person und seinem Werke im ganzen, als auch mit einzelnen Seiten seines Wesens, mit einzelnen Abschnitten seiner Geschichte beschäftigen, teils mit gewaltigem Fleifs und hervorragenden Kenntnissen gearbeitet, der wissenschaftlichen Forschung dienend, teils ohne eigene Quellenstudien auf den Arbeiten anderer beruhend, nur für das gröfsere Publikum oder auch nur um zu schreiben geschrieben.

Von der letzteren Art hat uns besonders der Anfang des achtzehnten Jahrhunderts eine ganze Menge kleiner lateinischer Dissertationen gebracht, welche den eifrig Forschenden durch inhaltreiche Titel zum Studium verlocken und durch inhaltlosen Text wieder abschrecken. Alle diese kleinen Elaborate, die durchschnittlich nicht mehr als 8—16 Seiten klein Quart umfassen, beschäftigen sich vornehmlich mit Einzelheiten aus Luthers Leben. Da finden wir ein Schriftchen über Luthers Lehrer, ein anderes über die Bücher, die er in seiner Jugend gelesen, ein drittes über sein Verhältnis zur klassischen Litteratur, ein viertes, das in frohem Durcheinander alle möglichen Details von nebensächlichster Bedeutung zusammenhäuft, und so fort, eines mit immer längeren Anmerkungen und immer dürftigerem Inhalt als das andere.[1]) Neuerdings sind diese Specialstudien über Luther — freilich auf ganz andere, sorgsame, gründliche Weise betrieben — wieder sehr in Flor gekommen, und das mit Recht; denn gerade durch solche Bücher lernen wir die mannigfachen Seiten von Luthers Wesen, seine wissenschaftlichen Kenntnisse, seine Beschäftigungen am gründlichsten kennen. So hat man über Luthers Verhältnis zu Zwingli, zu Hus, zu den grofsen Mitstreitern im Kampf für die Reform der Kirche geschrieben, man hat sein Studium in Augustins Werken und seine Beziehungen zu diesem und anderen Kirchenvätern nachgewiesen, man hat dargethan, wie er zu den Humanisten, zu den Juristen, zu den alten Klassikern stand,[2]) — aber eine Seite seines Wesens hat merkwürdigerweise bis auf den heutigen Tag noch keine eingehende Beleuchtung erfahren, und doch ist sie gerade bei einem Luther von so besonderem Interesse; ich meine die Frage: „Was hat Luther über die Geschichte, vor allem über die Geschichte der Kirche von ihren Anfangszeiten bis zu seinem Jahrhundert gewufst? Welche Quellen dienten ihm bei seinen historischen Studien, und wie hat er seine Kenntnisse in seinen Schriften angewandt?" Zwar finden wir hier und da in den neueren grofsen Lebensbeschreibungen von Jürgens, Köstlin, Kolde, in den älteren von Melanchthon, Mathesius, Seckendorf manche sehr dankenswerte Notiz über diese wichtigen Fragen,

---

[1]) Solche sind mit genauem Titel: *Goetzius, de praeceptoribus M. Lutheri Commentatio 1718; Clauswitz, de libris a Luthero iuvene lectis 1721; Dornmeyer, Lutherus humanioris litteraturae cultor et aestimator 1703; Goetzius, Miscellanea theologica 1719* etc. — Das ausführlichste Register aller bis 1817 erschienenen Litteratur über Luther giebt Ukert in seiner Schrift „Luthers Leben mit einer kurzen Reformationsgeschichte Deutschlands und der Litteratur, Gotha 1817, Perthes."

[2]) Cf. z. B. Dieckhoff, Luthers Lehre in ihrer ersten Gestalt; Dieckhoff, Justin, Augustin, Bernhard und Luther; Gottschick, Hus, Luther und Zwingli (Zeitschrift für K.-G. VIII, 1886, S. 345 ff. und 543 ff.); Evers, Luthers Verhältnis zu den Humanisten (Rost. Diss. 1895); Reindell, Luther, Crotus und Hutten; Köhler, Luther und die Juristen; Schwabe, Hus' reformatorische Theologie (Predigerseminar Friedberg, Denkschrift 1857—1861) etc. etc.

aber zu einer zusammenfassenden Darstellung ist es bis heute noch nicht gekommen.[1]) Man könnte danach fast meinen, daſs es mit Luthers historischen Studien nicht besonders weit her gewesen sei, und es ist mir in der That des öfteren vorgekommen, daſs ich selbst von guten Kennern hören muſste, es sei darüber aus Luthers Schriften wohl nicht viel zu finden.[2])

Um so erfreulicher ist es, bei eingehender Prüfung zu sehen, daſs jene Meinung eine durchaus verkehrte ist, daſs vielmehr Luther, soweit es bei dem damaligen Stande der Wissenschaft möglich war, eine ganz hervorragende Kenntnis der Geschichte des Mittelalters und des späteren Altertums seit Christi Geburt besessen hat, eine Kenntnis, die sich nicht nur auf Dinge beschränkt, welche für seine reformatorische Thätigkeit von besonderer Wichtigkeit waren — obwohl derartige Beziehungen natürlich überwiegen — sondern eine solche, die ein Interesse des Reformators auch für die Geschichte an sich, speciell für die kirchenhistorische Wissenschaft klar zu

---

[1]) Besonders Jürgens' gründliches, fast zu breit angelegtes Werk ist reich an solchen Bemerkungen, und es ist zu bedauern, daſs der Verfasser es nicht hat vollenden können. Über die genauen Titel der einzelnen hier aufgeführten Werke cf. das Litteraturverzeichnis. Eine doch nur sehr teilweise Beantwortung unserer Frage giebt Köhler in seiner Arbeit über „Luthers Schrift an den christlichen Adel" und Reindell mit Bezug auf dieselbe Schrift in seinem „Luther, Crotus und Hutten".

[2]) Cf. dagegen Harnack, Dogmengeschichte, Bd. III, 734, sub 3: „Luther kannte die alte Kirchen- und Dogmengeschichte viel zu wenig, um sie wirklich kritisieren zu können. Zwar wird man, wenn einst alles zusammengestellt sein wird, was er durchstudiert hat, staunen, wie viel er auch hier gewuſst hat, allein er konnte doch nicht mehr wissen, als sein Jahrhundert wuſste, und es gab manche, die ihm an patristischen Studien überlegen waren. In den Geist der Kirchenväter hat er sich nie versenkt; andererseits lag ihm zu allen Zeiten eine abstrakte Kritik ganz fern: dann aber blieb nur eine konservative Haltung übrig. Luther hat sie eigentlich nur dann sicher aufgegeben, wenn er die Väter auf den Wegen des Pelagius wandeln sah."

Wie weit dieses Urteil, dessen mittlerem Satze ich nur beistimmen kann, im übrigen mit den von mir gefundenen Resultaten übereinkommt, das möge der Leser bei sich selbst erwägen.

erkennen giebt, derart, dafs es möglich ist, aus den zahlreichen Citaten in seinen Schriften wie in seinen Tischgesprächen eine ziemlich vollständige Darstellung der vorreformatorischen Kirchengeschichte zu entwerfen.

Sonach ist es unzweifelhaft, dafs die Frage nach Luthers historischen Studien für die Kenntnis seiner Person nicht nur, sondern auch für die Geschichte der Wissenschaft von Interesse sein wird, und diese Frage, soweit es möglich ist, zu beantworten, soll in der folgenden Studie über Luther als Kirchenhistoriker versucht werden.

Ehe wir jedoch an die Sache selbst herantreten, bedarf der Ausdruck „Kirchenhistoriker" bezw. „Kirchengeschichte" noch einer kurzen Erläuterung. Bei der Durchforschung von Luthers Schriften ergab es sich, dafs der Ausdruck „Weltgeschichte" bezw. „Luther als Historiker" (schlechthin) das Thema der Untersuchung ungünstig verschieben würde; denn einmal würde dann die alte Geschichte Griechenlands und Roms eine Berücksichtigung beanspruchen, welche sie nach Lage der Dinge in ungleich geringerem Mafse als die nachchristliche Geschichte verdienen würde, zumal speciell für die Quellen derselben das Nötige schon in dem trefflichen Schriftchen von Oskar Schmidt „Luthers Kenntnisse der alten Klassiker" geleistet worden ist;[1]) andererseits steht bei Luther auch die ganze in betracht kommende nachchristliche Profangeschichte durchaus unter dem Zeichen des Christentums und der Kirche, so dafs auch diese Profangeschichte in den meisten Fällen mit der Kirchengeschichte sich deckt, jedenfalls mit derselben verschmolzen werden kann.[2])

Wenn wir somit von Luthers Kenntnissen in der Kirchengeschichte (und von ihm als Kirchenhistoriker) reden, so soll das nur ein vereinfachter Ausdruck sein für die ganze nachchristliche Geschichte, soweit sie mit der Kirche irgendwie direkt oder indirekt in Zusammenhang steht. Entsprechend ist aber auch der im folgenden der Einfachheit halber häufig gebrauchte Ausdruck „historische Studien" etc. nicht nur von

---

[1]) Cf. das Litteraturverzeichnis Nr. 34.
[2]) Über die Vereinigung von Kirchen- und Profangeschichte cf. Ranke, Reformationsgeschichte⁵, Bd. I, 3 f.

der Profangeschichte, sondern ebenso von der reinen Kirchengeschichte bei Luther zu verstehen.

Was unsere Aufgabe selbst anlangt, so haben wir im wesentlichen dreierlei darzustellen, zunächst Luthers persönliche Anschauungen von der Geschichte, seinen Studiengang und die Resultate seiner historischen Forschungen im allgemeinen, ferner seine Quellen und deren Benutzung im einzelnen, endlich eine Zusammenfassung und Gruppierung des gesamten historischen Stoffs, der sich in seinen Schriften vorfindet.

Erster Teil.
Luthers kirchenhistorische Interessen und Studien.

1. Kapitel.
Die Geschichtswissenschaft am Ende des Mittelalters. Luthers Anlage und Interesse für die Geschichte.

Das ganze Mittelalter wurde in wissenschaftlicher Beziehung, wie bekannt, von spekulativen Tendenzen beherrscht. Seit dem 11. Jahrhundert überwucherte wenigstens auf theologischem und philosophischem Gebiet die Scholastik und das Studium des Aristoteles[1]) alle andern Zweige der Wissenschaft. Was sich an Koryphäen des Geistes in jener Zeit findet, die grofsen Theologen von Frankreich und Italien, huldigen der spekulativen Ergründung der kirchlichen Dogmatik und bemühen sich, den grofsen Zwiespalt zwischen Philosophie und Theologie auf diese oder jene Weise aufzulösen.

Dabei fanden die geschichtlichen Wissenschaften gar keine Berücksichtigung. In der Kirchengeschichte bemerken wir aus der ganzen Zeit der Scholastik kein einziges Werk von einiger Bedeutung und allgemeinem Charakter. Nicht viel besser ist es in der Profangeschichte.[2]) Zwar hält man sich

---

[1]) Äufserungen über diesen finden wir auch mehrfach bei Luther, z. B. E. A. 57,83.

[2]) Cf. die trefflichen Arbeiten von Wattenbach und von Lorenz über „Deutschlands Geschichtsquellen", deren Einleitungen hier vorzugsweise benutzt sind.

bis zur Mitte des 13. Jahrhunderts in den Schulen noch an die
alten guten Quellen, von da an aber findet sich ein bedenklicher Rückgang. Von der Vorzeit hatte man nur noch
die phantastischsten Anschauungen, die Kritik liefs immer
mehr nach.

Wissenschaftlich brauchbare Universalgeschichten wurden
gar nicht mehr geschrieben, den Bedürfnissen des Volkes
genügte man durch eine Art von Chroniken, die mit einem
seltsamen Sammelnamen als Martinianische Chroniken bezeichnet werden und gänzlich kritiklos zusammengearbeitet sind.[1])
Die Geschichtschreibung selbst wurde zwar immer breiter, beschränkte sich aber dafür mehr und mehr auf Lokalhistorien.[2])
Wir finden deshalb zahlreiche Städtechroniken, die als Quellenmaterial gebührendes Interesse beanspruchen können, aber gar
keine wissenschaftliche Reichsgeschichte. Daneben blühte
besonders das Interesse für die Sage[3]) lebhaft empor. Die
gelehrte Sage hängt sich an die Herkunft der Völker und
Familien. Zahlreiche Wappensagen kamen auf und wurden mit dem Fortschreiten der Zeit immer abenteuerlicher
und abgeschmackter, ähnlich wie die Legenden des späteren
Mittelalters. Diese Vorliebe für die Sage übte auf die ganze
Geschichtschreibung einen schlechten Einfluss aus, denn die
Treue und die Kritik der Historiker litt aufs äusserste darunter.

Andererseits ist es zu beobachten, dafs die Geschichtschreibung sich jetzt immer mehr darauf wirft, weiteren
Kreisen Belehrung zu bieten durch die volkstümlichen Darstellungen jener Martinianischen Chroniken und ähnlicher
Schulbücher. Besonders die Dominikaner und Franziskaner
sind hierfür eifrig thätig.[4])

Die wissenschaftliche Betrachtung aber war, wie erwähnt,
völlig hinter diesem Zweck zurückgetreten. Erst im 15. Jahrhundert begann man sich der sorgsamen Durchforschung der

---

[1]) Cf. Lorenz, Geschichtsquellen ³ Bd. I, 3 u. ö.; Wattenbach ⁶ Bd II,
466 ff.

[2]) Aus diesem Grunde hat Lorenz sein Werk nach geographischen
Gesichtspunkten eingeteilt (Lorenz a. a. O. Bd. I, 14).

[3]) Lorenz a. a. O. Bd. I, 4.

[4]) Lorenz a. a. O. Bd. I, 6.

alten Geschichte dank dem Emporblühen des Humanismus wieder mehr im einzelnen zuzuwenden.¹) Wandte auch der letztere sein besonderes Interesse der Wiederbelebung des klassischen Altertums²) zu, so gab es doch unter seinen wissenschaftlichen Gröfsen auch manche, denen die nachchristliche Geschichte und ihre Erforschung am Herzen lag. Ein Laurentius Valla³) war der erste, welcher das lange geglaubte Märchen von der konstantinischen Schenkung durch eine scharfe Streitschrift in bedenkliches Wanken brachte, ein Blondus⁴) beschäftigte sich mit der Schilderung des alten Italien und seiner Bewohner, mit der Erzählung vom Untergang des römischen Reiches, ein Äneas Sylvius⁵) schrieb seine böhmische Geschichte, schilderte den Zustand Deutschlands, excerpierte den alten Gotenhistoriographen Jordanis und behandelte aufserdem die Geschichte seiner Zeit in mannigfachen hervorragenden Arbeiten.

Auf der andern Seite begann auch die Kirche selbst wieder auf historischem Gebiete thätig zu sein, um durch Darstellung ihrer glorreichen Vergangenheit den morschen, schon wankenden Bau der römischen Hierarchie aufs neue zu stützen. Der Erzbischof von Florenz, Antoninus, schrieb um 1450 seine grofse Weltchronik in drei Folianten, welche die weiteste Verbreitung fand, Bartholomäus Platina arbeitete die Geschichte der Päpste aus; beide stehen auf dem römisch-

---

¹) Über die Geschichtschreibung und das Wiedererwachen historischer Kritik bei den Humanisten cf. Voigt, Humanismus, Bd. II, 494 ff. und Jagemann, Geschichte der freien Künste etc. in Italien, Bd. III, 3. Abt., 448—538.

²) Besonders in Italien überwog dieses Interesse sehr stark, während man in Deutschland sich mehr der Geschichte seines Landes annahm (Wattenbach ⁶ Bd. I, 1).

³) „De falso credita et ementita Constantini donatione declamatio." Über dieselbe cf. unten und Voigt, Humanismus, Bd. II, 473 ff. Über Valla im allgemeinen cf. Voigt, Humanismus, Bd. I, 464 ff., über seine historischen Bestrebungen ebenda, Bd. II, 503.

⁴) Seine bezüglichen Schriften sind „Roma instaurata", „Roma triumphans", „Italia illustrata", „Historia Romana".

⁵) Seine Werke bei Jagemann III, 3, S. 477 ff., cf. über die historisch-geographischen auch Voigt, Enea Silvio, Bd. II, 303 ff. und besonders S. 320 ff.

curialistischen Standpunkte und bringen denselben lebhaft zur Geltung. Doch zeigen auch sie sich des öfteren von dem kritischen Sinne des Humanismus berührt.

Etwas später war die schon von Äneas Sylvius begonnene Bestrebung, die älteren Quellen der Geschichte zu sammeln und herauszugeben, zu hoher Blüte gediehen und steigerte sich noch fort und fort bis tief ins 16. Jahrhundert hinein. Besonders das Verdienst des Kaisers Maximilian [1]) ist es, diese Arbeit der deutschen Historiker gefördert zu haben. Eine ganze Anzahl von Gelehrten sammelte auf seine Anregung hin die alten Quellen, und man plante die Herausgabe eines grofsen deutschen Geschichtswerkes. Ladislaus Suntheim, Cuspinianus, Konrad Celtes, Konrad Peutinger waren die eifrigsten Sammler auf historischem Gebiete, und mancher wertvolle Fund ist ihnen zu danken. Sie edierten zuerst die Ursperger Chronik, Jordanis' *de rebus Geticis*, die *Historia Langobardorum* von Paulus Diakonus, Otto von Freising und andere. 1518 gab Aventinus die schöne *vita Heinrici IV.* heraus, die er in Augsburg gefunden hatte. Jetzt wandte man sich auch der Ausarbeitung allgemeinerer Geschichtswerke wieder zu, die freilich noch vielfach dem alten Chronikenstil folgen, aber doch durch fleifsige Sammlung und Benutzung älterer Quellen von Interesse sind. So wurde 1503 die grofse Weltchronik des Sabellicus beendet, ein Werk von gewaltigem Umfang unter dem Titel *Rhapsodiae historiarum*, das besonders eingehend die italische Geschichte behandelt. So schrieb Joh. Nauclerus in Tübingen sein vielgelesenes Chronicon.[2])

Der Kampf gegen Rom trug besonders dazu bei, die

---

[1]) Über die Bestrebungen dieses Kaisers und die Ausgaben alter Geschichtschreiber, die um 1500 veranstaltet wurden, cf. die Einleitung Wattenbachs, Bd. I, 1—8.

[2]) Cf. Allg. deutsche Biogr., Bd. XXIII, 296 ff. Das Chronicon erschien nach seinem Tode 1516 zum erstenmal. Melanchthons Mitarbeit ist mindestens zweifelhaft. Nauclerus ist lediglich Kompilator, benutzte aber sehr zahlreiche Quellen. Den Zeitgenossen galt sein Buch als wertvoll. Cf. auch noch Joachim, Joh. Nauclerus, Göttingen 1874, im allgemeinen S. 8 ff., über die Chronik S. 18 ff., Melanchthons Mitwirkung S. 21 f., die Quellen S. 39 ff.

Geschichtswissenschaft zu fördern,[1]) da man in den alten Quellen vielfachen Stoff auffand, der gegen kuriale Anmafsungen verwendbar war. So gab Ulrich von Hutten 1520 die Schrift Walrams von Naumburg *de unitate ecclesiae conservanda* heraus, schon vorher erschien von ihm die obenerwähnte Arbeit Laurentius Valla's über die konstantinische Schenkung; der (unechte) Brief des Ulrich von Augsburg wurde 1521 herausgegeben.

Ebenso beteiligte sich Luthers kenntnisreicher Mitstreiter Melanchthon eifrig an der Herausgabe alter historischer Quellen, wie er auch mit grofser Anerkennung von dem Werte der Geschichte sprach. Er bearbeitete die kleine Weltchronik des Mathematikers Carion,[2]) welche ihm dieser schon 1532 anvertraut hatte und welche in immer vermehrten Auflagen noch häufig zu Melanchthons Lebzeiten und später erschien. Aufserdem veranlafste er die Herausgabe der Annalen des Lambert von Hersfeld, und in einer Edition der Ursperger Chronik von 1541 finden wir eine sehr anerkennende Vorrede von ihm an den Landgrafen von Hessen.[3]) Ebenso bevorwortete er 1556 Siegmund Schorkels Ausgabe des Helmold.

In etwas anderer Weise wirkten ihrerseits die grofsen süddeutschen Philologen und Humanisten für das Aufblühen der Geschichtswissenschaft, besonders der kirchenhistorischen Seite derselben, durch Herausgabe der alten Kirchenväter und Kirchenhistoriker in kritischen Bearbeitungen. Der Haupt-

---

[1]) Cf. die treffliche Ausführung von Ranke in seiner Reformationsgeschichte³, Bd. II, 60 f., ebenso eine kurze Bemerkung von v. Bezold, Reformationsgeschichte, S. 276, über das Wiedererwachen historischer Kritik.

[2]) Cf. Allg. Deutsche Biogr., Bd. III, 781. Der erste Druck des Chronicon erschien 1532 bei G. Rhau in Wittenberg deutsch. Melanchthon hatte das ihm zugesandte Manuskript stark umgearbeitet. Die späteren Ausgaben haben von Carion nur noch den Namen; sie sind Arbeiten des Melanchthon nach Vorlesungen, die er unter Zugrundelegung des alten Carionischen Chronicon gehalten hatte. Vgl. wohl auch Bretschneider, Melanchthon als Historiker (Insterburger Programm, das ich nicht bekommen konnte).

[3]) Siehe das Litteraturverzeichnis Nr. 83.

sitz dieser Bestrebungen war Basel, wo Erasmus längere Zeit seinen Aufenthalt hatte, und wo die grofsen Buchdrucker Froben, Herwagen, Petri, Amerbach ihre Kunst im eifrigen Dienst für die Wissenschaft anwendeten. Zahlreich sind besonders die Ausgaben alter Kirchenväter, die von Rhenanus und von Erasmus bearbeitet bei Froben erschienen und eine ganze Sammlung mit gleichem Format und gleichen Lettern bilden. So gab Rhenanus die Eusebius-Rufinische Kirchengeschichte mit der des Cassiodor zusammen in immer vermehrten Auflagen seit 1523 heraus, so edierte Erasmus seine grofse Hieronymusbearbeitung, und zahlreiche andere Kirchenväter.[1]) Auch der grofse Hebräer Pellikanus beteiligte sich durch Abfassung von Registern und ähnlichem an diesen Arbeiten.[2]) Alle diese Ausgaben bedeuteten mit ihrer kritischen, sorgfältigen Durcharbeitung einen gewaltigen Fortschritt gegen früher und boten eine reiche Sammlung theologischen wie auch historischen Materials auf Grund handschriftlicher Studien gesichtet den Forschern dar.

So sehen wir in den verschiedensten Teilen Deutschlands die Gröfsen der Wissenschaft bemüht, der Historiographie wieder den lange entzogenen Boden zu bereiten, wir sehen den Kaiser sich lebhaft für die Geschichte der Vorzeit interessieren und den einzelnen Gelehrten Mittel zur Veröffentlichung ihrer Arbeiten an die Hand geben. Dennoch sind alle diese Bestrebungen im Grunde bisher nur privater Art, die einzelnen Gelehrten oder kleine Gruppen von Forschern sind es, die sich mit der Geschichtswissenschaft wieder beschäftigen. Wie sah es dagegen auf den Universitäten, be-

---

[1]) Cf. Allg. Deutsche Biogr., Bd. VI, 160 ff. und Ersch und Gruber, Bd. XXXVI, 155 ff. Seit 1513 stand Erasmus mit Froben in Verbindung, schon damals über den Druck der Hieronymusausgabe unterhandelnd. An christlichen Schriftstellern älterer Zeit edierte Erasmus folgende: Hieronymus 1516—1518, Cyprian 1520, Arnobius' *Comment. in psalmos* 1522, Hilarius 1523, Irenäus 1526, Ambrosius 1527, Augustin 1528/9, Epiphanius 1529, Laktanz 1529, Chrysostomus 1530, Algerus 1530, Eucherius 1531, Basilius (griechisch) 1532. Origenes wurde nach Erasmus' Tode von Beatus Rhenanus beendet und herausgegeben.

[2]) So zu der Ausgabe des Cyprian. Cf. *Chronicon Pellicani* ed. Riggenbach, S. 76.

sonders in dem hier in Frage kommenden Erfurt und der jungen Musenstadt Wittenberg aus?

Die Erfurter Universität¹) bot in den ersten Jahren des 16. Jahrhunderts ein bemerkenswertes Bild der Vermischung von Scholastik und Humanismus dar. Keine der beiden Richtungen war hier die unbedingt herrschende, sondern sie gingen beide bald im Frieden, bald in scharfer Fehde nebeneinander her. Die Scholastik war vertreten durch die beiden hervorragenden Philosophen Trutvetter aus Eisenach und Bartholomäus Arnoldi aus Usingen. Ihre Scholastik folgte den Wegen Occams und Biels, der Nominalisten, und Aristoteles fand bei ihnen die weitestgehende Berücksichtigung. Auf der andern Seite that sich in Erfurt ein ganzer Kreis von Humanisten zusammen, der lange Zeit in grofser Blüte stand und vielfachen Einflufs auf die studierende Jugend ausübte. Zu ihnen gehörten unter den Docenten Maternus Pistoris, Nikolaus Marschall, unter den Studenten Crotus Rubeanus, Spalatin, Joh. Lang, Eoban Hefs. Das Haupt dieser Vereinigung aber war der seit 1503 als Kanonikus in Gotha lebende Mutianus Rufus (Konrad Muth), einer der hervorragendsten Humanisten damaliger Zeit. Man könnte erwarten, dafs ein solcher Kreis auf die dem Humanismus so naheliegende Geschichtswissenschaft lebhaften Einflufs ausgeübt hätte; und in bezug auf die alte Geschichte ist das auch in gewisser Weise der Fall, denn neben den klassischen Philosophen und Rhetoren erfreuten sich die römischen wie griechischen Historiker²) grofser Achtung; Livius, Lucan, Tacitus und Thucydides wurden eifrig traktiert und trugen zur Erweiterung der Geschichtswissenschaft das Ihrige bei. Dennoch aber waren diese Studien auch hier gewissermafsen nur Privatsache, die Geschichte als Universitätsdisciplin lag

---

¹) Cf. besonders Jürgens Bd. I, 319—484; Ullmann, Reformatoren ², Bd. I, 202 ff., einzelne Notizen bei Köstlin und Kolde. Über den Humanismus siehe Kampschulte, Geschichte der Erfurter Universität, Bd. I, 49—119. Aufserdem einiges bei Evers, Luthers Verhältnis zu den Humanisten, S. 8 f.

²) Cf. z. B. die Andeutungen von Krause, Helius Eobanus Hessus, Bd. I, 57 ff.

selbst in Erfurt und bei diesen Humanisten noch ganz darnieder und wurde über dem Aristoteles, der Philosophie und Philologie völlig vergessen.[1]) Nicht besser stand es in Wittenberg, wo doch auch ein reges humanistisches Leben blühte und wo man von vornherein der Scholastik nicht in der Weise wie auf den alten Hochschulen Thür und Thor geöffnet hatte. Auch hier war nicht eine einzige Lektion über Geschichte vorhanden, wie Scheurls Lektionskatalog nachweist.[2]) Derartige Vorlesungen kamen überhaupt erst um die Mitte des 16. Jahrhunderts in Aufnahme.

Wenn nun nicht einmal auf diesen beiden so stark vom Humanismus beeinfluſsten Universitäten die Geschichtswissenschaft irgendwie in Frage kam, so konnte natürlich auf andern deutschen Hochschulen noch viel weniger die Rede davon sein, und wir müssen sagen, daſs die sämtlichen Universitäten als solche am Anfange des 16. Jahrhunderts noch viel zu sehr unter dem Banne der scholastischen Wissenschaft standen, als daſs sie sich überhaupt mit der Geschichte hätten beschäftigen können.[3])

So ergiebt sich, wenn wir das Gesagte noch einmal zusammenfassen, ein eigentümliches doppelseitiges Bild von dem Stande der historischen Wissenschaft um den Anfang des 16. Jahrhunderts: auf der einen Seite sehen wir das regste Interesse an den alten Zeiten der deutschen Geschichte wie der klassischen, die eifrigste Thätigkeit, dieselbe für die Gegenwart fruchtbar zu machen und durch zahlreiche kritische Ausgaben der Nachwelt aufzubewahren, ja groſse Geschichtswerke und Quellensammlungen zusammenzustellen — alles das aber im privaten engsten Kreise des Humanismus, gefördert nur durch einen der Wissenschaft geneigten Kaiser,

---

[1]) Jürgens Bd. I, 368. 372 ff.
[2]) Jürgens Bd. II, 215.
[3]) Über das Verhältnis der deutschen Hochschulen zum Humanismus siehe Geiger, Humanismus, S. 406 ff., der besonders auch die auf den einzelnen Universitäten wirkenden Professoren bespricht (S. 416 ff.). Von Geschichtsvorlesungen ist jedoch selbst bei den Humanisten nirgends die Rede. Über das Fehlen von Geschichte und Kirchengeschichte macht K. A. Schmid, Geschichte der Erziehung II, 1, S. 453 und 489 einige Bemerkungen.

wie Maximilian — auf der andern Seite gänzliches Daniederliegen der historischen Studien auf den Universitäten, die noch vom Scholasticismus beherrscht sind und nichts anderes als Aristoteles und die Theologen des Mittelalters kennen, die kein Interesse haben für die ruhmvolle und kampfreiche Vergangenheit der Nation, wie sie sich in den geschichtlichen Quellen darstellt, die sogar dem Erwachen eines neuen frischen Geistes im Volke wie in der Wissenschaft mit allen Kräften entgegentreten.

Ein merkwürdiges Bild ist es in der That, das sich vor uns entrollt, und es fragt sich nun, wie insbesondere Luther sich dem gegenüber verhalten, welche Stellung er zu dem Studium der Geschichte überhaupt eingenommen hat.

Wie stand es zunächst mit Luthers geistigen Anlagen für geschichtliche Studien, besaſs er den rechten historischen Sinn? Unzweifelhaft ja! Wir verstehen nach Gaſs[1]) unter dem historischen Sinn „die besondere Fähigkeit und Bereitwilligkeit, alles Geschichtliche im Unterschied von dem Gedachten als ein Wirkliches und bis auf die Gegenwart herab Fortwirkendes in seinem Zusammenhange zu verstehen, die Kraft der Aneignung, welche alle Teilnehmer an dieser Geistesthätigkeit in den Stand setzt, freie und dankbar bewuſste Erben der Vergangenheit zu werden."[2]) . . . Diese Definition läſst sich in eminentem Sinne auch auf Luther anwenden. Wir werden weiter unten die Belege dafür mitteilen, wie er von frühester Zeit an den geschichtlichen Dingen mit Vorliebe nachgeht. Schon bei der Leipziger Disputation zeigt es sich, daſs er imstande ist, das Wesen des historischen Zusammenhanges[3]) zu erkennen und zu benutzen, und im weiteren Verlauf seines Wirkens wird gerade diese Bethätigung seines historischen Sinnes immer deutlicher.[4]) Er ist ein „dankbar

---

[1]) W. Gaſs in der Zeitschr. f. Kirchengesch., Bd. I, 1877, S. 175 ff: „Allgemeines über Bedeutung und Wirkung des historischen Sinnes."

[2]) Gaſs a. a. O., S. 195. Eine ähnliche Definition von Biedermann in Schmid, Pädag. Encykl., Bd. II, 821, Anm.

[3]) Cf. seine Beweisführung gegen die Göttlichkeit des Primats, deren historische Seite durchaus auf diesem Erkennen und Schätzen des Zusammenhanges beruht.

[4]) Cf. z. B. de W. V, 154 f.

bewufster Erbe der Vergangenheit": bei seinem reformatorischen Werke läfst er alles als gut oder nicht schädlich Erkannte aus der älteren Kirche bestehen, und wo Änderungen nötig sind, arbeitet er nicht blindlings nach eigenen Ideen, sondern verfolgt rückwärts den Gang der Geschichte bis zu den Zeiten der ältesten Kirche, bis zu dem Punkte, an welchem er die von der geraden Linie abweichenden Tendenzen des römischen Stuhles beginnen sieht. So bethätigt Luther ganz unzweifelhaft schon in seinem Werke seinen historischen Sinn; und ebenso in seinen Schriften.

Überall in denselben sehen wir die Fäden zwischen Vergangenheit und Gegenwart nicht willkürlich abgerissen, sondern sorgsam fortgesponnen, und nur wo die nicht schriftgemäfsen Bestrebungen der Kirche jenes Gespinst verwirrt haben, da schneidet Luther kühn und sicher ab und knüpft am Ausgangspunkte den rechten Faden wieder an. Dieses Bild sehen wir vor uns, wenn er z. B. vom römischen Primate spricht. Bereits seit 1519 liegt ihm dessen Entwicklung klar vor Augen; er erkennt deutlich das Abirren von dem ursprünglichen Wege, wie die Richtigkeit des letzteren[1]) und verwirft auf Grund dessen im Laufe der Zeit immer energischer die schiefe Entwicklung durch die römische Kurie. Nicht anders ist es mit seiner Kenntnis des Mönchtums, des Klerus etc.

Auf der andern Seite weifs Luther in seinen Schriften mit Gewandtheit den historischen Beweis zu benutzen. Wir sehen das zum ersten Male in den Akten der Leipziger Disputation, dann fortlaufend in Polemik und Exegese, Predigt und reformatorischen Arbeiten bis zu dem Höhepunkt hin, zu der Schrift „von den Conciliis und Kirchen."[2]) Vortrefflich pafst auf diese historischen Bestrebungen Luthers wieder das Wort von Gafs über historische Forschung: „An einer Stelle wird der Apologet, an der andern der Polemiker, hier der fromme Geschichtsfreund, dort der Politiker herausgefordert, und zuweilen wird dann wieder der quellenkundige Referent das Wort begehren."[3]) Alle diese Thätigkeiten sehen wir

---

[1]) Nämlich der altkirchlichen Ansicht, dafs alle Bischöfe gleich sind.
[2]) Über sie cf. unten.
[3]) Gafs a. a. O., S. 189.

bei Luther, soweit es bei dem damaligen Stande der Geschichte möglich ist, in reichem Mafse wirksam. Ihm selbst entging es auch keineswegs, von welch hohem Werte ein sorgfältiges Geschichtstudium sei. Er hatte denselben an sich und seiner Arbeit genugsam erfahren können. Darum finden wir überall auch Aussprüche, welche diesen Nutzen des historischen Studiums preisen. So kam er zu der Einsicht, dafs „*historiae tractatio potissima et prima esse debet.*"[1]) Umsomehr mufste er es beklagen, dafs die eigentliche Geschichtschreibung vom objektiven Standpunkt aus zu seiner Zeit so verhältnismäfsig wenig betrieben wurde, und dafs man sich immer noch der alten päpstlichen Historiker bedienen mufste.[2]) In der Vorrede zu Robert Barns' *vitae pontificum* klagte er:[3]) „*Eusebius Caesariensis Episcopus, admirabilis vir (sic S. Hieronymus eum honorat), praefatur in libris ecclesiasticae historiae (verecunde incusans antecessorum ignaviam vel temporum iniuriam), sese cogi sine vestigiis novum iter ingredi, et vix raras stellas habere quas sequatur, in tanto opere scribendo. Quod si illo tempore, veteri ecclesiae proximo, vel sub veteri ecclesia currente adeo sunt neglectae res ecclesiasticae ab illis viris, (quos et spiritu et studio nobis posteris longe et merito praeferimus) vel per iniquitatem temporis perditae, ut nullam post se reliquerint historiam, quae tanto viro digna vel satis esse videretur: quanto oportet nos aequiore animo ferre nostrorum antecessorum negligentiam, qui post illos seculo multo corruptiore et statu rerum turbatiore vixerunt, deinde et studio et spiritu fortasse haud paulum inferiore, ut et nos vix lacera quaedam historiarum fragmenta verius quam historias habeamus.*"

Durch Luthers Worte geht ein tiefes Bedauern[4]) hin-

---

[1]) *E. O.* 22, 13.

[2]) Cf. auch Kolde, Bd. II, 528 f.

[3]) *V. A.* 7, 533. Cf. cum E. A. 25, 316 f. über die päpstlichen Skribenten.

[4]) Wie Luther aber auch das vielfache Fehlen alter Geschichtsquellen von einem höheren Standpunkte aus zu verstehen wufste, zeigt seine Äufserung: „*Quanquam utile et necessarium fuerit, quod aliquorum patrum et conciliorum scripta servata sint, quae extarent ut Chronica et quaedam veteris Ecclesiae testimonia, tamen saepe mihi illius sententiae*

durch über den Mangel einer rechten Geschichtschreibung. Diesen Eindruck haben wir auch von den meisten seiner Tischgespräche, in welchen von der Geschichte die Rede ist. So heifst es einmal über die alten Geschichtschreiber:[1] „*Quam misere maximae res gestae perierunt. Tantum Graeci et Romani habent historiographos, et paucos quidem. Livii exigua est adhuc particula, caetera sunt obscurata, Sabellicus voluit eum imitari, sed nihil profecit.*" Ein anderes Mal,[2] „*cum diceretur de paucitate historicorum omnium nationum, maxime Germanorum, respondit Martinus Lutherus:* Ja wer wolt *historias* schreiben *et veritatem scribere (sine magno odio. Nam) Graecorum ingenia fuerunt versutissima, Italorum ingenia fastuosa, Germanorum ferocia. Livius scripsit laudem Romanorum, non Carthaginensium, Blondus, Platina tantum pontificibus adulantur.*"

In der Schrift über die *donatio Constantini* schildert Luther die hochmütigen Anmafsungen, die das Papsttum allezeit dem Kaisertum gegenüber zur Schau getragen hat.[3] Da mag ihm der Mangel an objektiven Geschichtswerken recht fühlbar geworden sein; denn am Schlufs ruft er trauernd aus: „Ach wollt Gott, dafs etwa ein müfsiger und gelehrter Historicus solche Exempel zusammentrüge, wie oft die Päpste nach den Kaiserlichen und Königlichen Kronen gegriffen haben."[4] Und als einst von ähnlichen Dingen bei Tisch die Rede war, sagte er: „Ach, *tales historiae essent conscribendae. Ego si essem iunior, χρονικὸν conscriberem.*"[5]

---

venit in mentem: Est modus in rebus etc. Nec opinor, magno cum damno coniunctum esse, quod multorum patrum et conciliorum scripta singulari Dei beneficio interciderint; si enim non periissent, ac ipsa vetustate, quae corrupit omnia, non interiissent, dubium fuisset, quo se prae multitudine librorum quis verteret. Nec tamen aliquid fructus et commodi secum attulissent, quod non in sacris litteris longe copiosius invenias" (Bindseil III, 197).

[1] Bindseil II, 177.
[2] Bindseil I, 266; ebenso Lauterbach S. 179 (die eingeklammerten Stellen nur bei letzterem).
[3] E. A. 25, 184 ff.
[4] E. A. 25, 186.
[5] Bindseil I, 126.

Bei seiner grofsen Wertschätzung der geschichtlichen Studien, wie sie sich in den erwähnten Worten ausgeprägt findet, mufste der Reformator es umsomehr bedauern, dafs man ihn in seiner Jugend so wenig auf die Geschichte hingewiesen hatte. So äufserte er schon 1524:[1] „Ja, wie leid ist mirs itzt, dafs ich nicht mehr Poeten und Historien gelesen habe, und mich auch dieselben Niemand gelernt hat. Habe dafür müfst lesen des Teufels Dreck, die Philosophos[2] und Sophisten, mit grofser Kost, Aerbeit und Schaden, dafs ich gnug habe dran auszufegen." Ebenso sagte er um 1536 in jener Vorrede zu Barns von sich, er sei *„in principio non valde gnarus, nec peritus historiarum"* gewesen.[3] Er hat aber, wie wir unten nachweisen werden, diese Mängel in vollstem Mafse nachgeholt.[4]

Was den Zweck der geschichtlichen Studien anlangt und den Nutzen einer guten objektiven Geschichtschreibung, so war derselbe in Luthers Meinung vor allem ein pädagogischer. Die Geschichte des Vaterlandes sollte zur Erziehung echter deutscher Männer[5] mitwirken, sie sollte in der Jugend wie in den Erwachsenen das Interesse für das leider schon so im Niedergang begriffene Vaterland neu beleben, wie auch zur Schärfung des Verstandes beitragen und die Menschen für das praktische Leben brauchbar machen. Besonders schön und klar ist das in Luthers berühmter Schrift „An die Rats-

---

[1] E. A. 22, 191 f.
[2] Damit sind natürlich die Scholastiker und Aristoteles gemeint.
[3] V. A. 7, 535.
[4] Cf. auch seine 1526 gethane Äufserung: „Denn ich zu guter Mafsen wohl weifs, auch nicht wenig Historien gelesen habe, wie oftmals die Unterthanen ihre Oberkeit erwürget oder verjagt haben. . . ." (E. A. 22, 260.)
[5] Dies geht besonders aus den mehrfachen bedauernden Aussprüchen hervor, dafs gerade die deutsche Geschichte so vernachlässigt sei (E. A. 22, 197), sowie daraus, dafs Luther mehrfach sich bewogen sah, Lateinisches zu Nutzen des deutschen Volkes zu übersetzen (cf. *donatio Constantini* E. A. 25, 176: „Dieweil es uns Deutschen nutz ist zu wissen, was schändlicher . . . Greuel unter dem . . . Papsttum wir haben angebetet . . .," will Luther die Schrift übersetzen; ebenso „Papsttreu Hadriani etc.").

herren etc." ausgesprochen:[1]) „Ja, sprichst du, ein Jeglicher mag seine Tochter und Söhne wohl selber lehren, oder je ziehen mit Zucht. Antwort: Ja, man siehet wohl, wie sichs lehret und zeucht. Und wenn die Zucht aufs Höhist getrieben wird, und wohl geräth, so kompts nicht ferner, denn daſs ein wenig ein eingezwungen und ehrbar Geberde da ist; sonst bleibens gleichwohl eitel Holzböcke, die wider hievon noch davon wissen zu sagen, Niemand wider rathen noch helfen konnen. Wo man sie aber lehrete, und zöge in Schulen oder sonst, da gelehrte und züchtige Meister und Meisterin wären, da die Sprachen und andere Künst und Historien lehreten; da würden sie hören die Geschichte und Sprüche aller Welt, wie es dieser Stadt, diesem Reich, diesem Fürsten, diesem Mann, diesem Weibe gangen wäre, und könnten also in kurzer Zeit gleich der ganzen Welt von Anbeginn Wesen, Leben, Rath und Anschläge, Gelingen und Ungelingen für sich fassen, wie in eim Spiegel: Daraus sie denn ihren Sinn schicken, und sich in der Welt Lauf richten künnten mit Gottesfurcht, dazu witzig und klug werden aus denselben Historien, was zu suchen und zu meiden wäre in diesem äuſserlichen Leben, und Andern auch darnach rathen und regiern" u. s. f.[2]) Wir sehen, es sind durchaus moderne Gedanken, die sich in diesen Worten des wunderbaren, weit über seine Zeit hinausblickenden Mannes kundgeben. Selbst von den Humanisten mochten damals nur wenige der Geschichte einen solchen Wert zuschreiben, da ihnen das Geschichtstudium vielmehr ein philologisches Interesse darbot.

Für Luther persönlich aber hatte die Beschäftigung mit der Geschichte noch einen weiteren Zweck. Sie diente ihm als ein wirksames Hülfsmittel in seiner Polemik gegen die Kurie und die Miſsbräuche in der ganzen Kirche. Zwar ging er in seinem Kampfe von dem Boden der heiligen Schrift aus vor; doch war es ihm eine besondere Freude, seinen Anschauungen durch geschichtliche Beispiele eine weitere Stütze zu bieten. So sagt er selbst in der mehrerwähnten Vorrede

---

[1]) E. A. 22, 190 f.
[2]) Cf. auch *E. O.* 22, 148 (2. Ausg. S. 111): „*Hic historiarum usus est, quod docent conscientias.*"

zu Barns:¹) „*Ego sane, in principio non valde gnarus nec peritus historiarum, a priori (ut dicitur), invasi papatum, hoc est, ex Scripturis sacris, nunc mirifice gaudeo alios idem facere a posteriori, hoc est ex historiis. Et plane mihi triumphare videor, cum luce apparente historias cum Scripturis consentire intelligo. Nam quod ego S. Paulo et Daniele magistris didici et docui, Papam esse illum adversarium Dei et omnium, hoc mihi historiae clamantes re ipsa velut digito monstrant et non genus, neque speciem, sed ipsum individuum, non vagum (ut vocant) ostendunt.*" Auf einer ganz gleichen Linie bewegen sich auch seine andern, zum grofsen Teile oben schon angeführten Aussprüche und Wünsche. Um die Schändlichkeit des Papsttums aufzudecken, ersehnte er so dringend eine wahrhaftige, objektive Geschichtschreibung, bedauerte er so lebhaft, dafs er in seiner Jugend eine solche nicht kennen gelernt, und dafs auch weiterhin keine rechten Anstalten gemacht würden, gute historische Bücher zu schreiben. Dafs er dies nicht nur um seinetwillen wünschte, sondern auch um des deutschen Volkes willen, damit dieses das Papsttum recht kennen lernte, das weist uns dann wieder auf jenen ersten pädagogischen Zweck der Geschichtschreibung hin, und dafs er selbst in eigener historischer Thätigkeit diese beiden Zwecke mit zu erreichen trachtete, das beweisen nicht nur seine zahlreichen Hinweise auf die Geschichte und die so vielfach in seine Schriften eingeflochtenen historischen Darstellungen, sondern das erkennen wir auch an der von ihm besorgten Herausgabe und Kommentierung mehrerer geschichtlichen Einzelschriften, wie der über die *donatio Constantini*,²) über die „Papsttreu Hadriani IV."³) u. ä., in deren von Luther geschriebenen Vorworten nicht unterlassen wird, auf jene beiden hohen Zwecke der Geschichtstudien hinzuweisen.

Wohl am ausführlichsten finden wir Luthers Gesamturteil über Wesen, Zweck und Wert einer rechten Geschicht-

---

¹) V. A. 7, 535. Zu bedauern ist nur, dafs dieser erste Versuch, vom evangelischen Standpunkt aus eine Papstgeschichte zu schreiben, so wenig glücklich ausgefallen ist.
²) E. A. 25, 175—201.
³) E. A. 32, 358—396.

schreibung in der Vorrede zu Galeatius Capellas Geschichte des Mailändischen Krieges vom Jahre 1538 ausgesprochen, welche Vorrede wir darum hier mit wenigen Auslassungen ganz wiedergeben. Dort heifst es:[1])

„Es spricht der hochberühmte Römer Varro, dafs die allerbeste Weise zu lehren sei, wenn man zu dem Wort Exempel oder Beispiel gibt. Denn dieselben machen, dafs man die Rede klärlicher verstehet, auch viel leichter behält; sonst, wo die Rede ohn Exempel gehört wird, wie gerecht und gut sie immer ist, beweget sie doch das Herz nicht so seher, ist auch nicht so klar, und nicht so fest zu behalten, darumb ists ein seher köstlich Ding umb die Historien. Denn was die Philosophi, weise Leute, und die ganze Vernunft lehren oder erdenken kann, das zum ehrlichen Leben nützlich sei, das gibt die Historien mit Exempeln und Geschichten gewaltiglich und stellet es gleich für die Augen, als wäre man dabei, und sehe es also geschehen, alles, was vorhin die Wort durch die Lehre in die Ohren getragen haben. Da findet man beide, wie die gethan, gelassen, gelebt haben, so fromm und weise gewest sind; und wie es ihnen gangen, oder wie sie belohnet sind; auch wiederumb, wie die gelebt haben, so böse und unverständig gewest sind, und wie sie dafür bezahlet sind.

Und wenn mans gründlich besinnet, so sind aus den Historien und Geschichte fast alle Rechte, Kunst, guter Rath, Warnung, Dräuen, Schrecken, Trösten, Stärken, Unterricht, Fürsichtigkeit, Weisheit, Klugheit, sampt allen Tugenden etc., als aus einem lebendigen Brunnen gequollen; das macht, die Historien sind nichts anders, denn Anzeigung, Gedächtnis und Merkmal göttlicher Werk und Urtheil, wie er die Welt, sonderlich die Menschen, erhält, regiert, hindert, fördert, strafet und ehret, nachdem ein Jglicher verdienet Böses oder Gutes. Und obgleich Viel sind, die Gott nicht erkennen noch achten, noch müssen sie sich an die Exempel und Historien stofsen, und fürchten, dafs ihnen nicht auch

---

[1]) E. A. 63, 353—357. Diese Vorrede wird übrigens auch in Schmid, Pädagog. Encyklopädie, Bd. II, 776 als vorbildlich angeführt.

gehe, wie dem und dem, so durch die Historien werden fürgebildet, dadurch sie härter bewegt werden, denn so man sie schlecht mit blofsen Worten des Rechts oder Lehre abhält, und ihnen wehret; wie wir denn lesen nicht allein in der heiligen Schrift, sondern auch in den heidnischen Büchern, wie sie einführen und fürhalten der Vorfahren Exempel, Wort und Werk, wo sie etwas erheben wollen bei dem Volk, oder wenn sie fürhaben zu lehren, ermahnen, warnen, abschrecken.

Darümb sind auch die Historienschreiber die allernützlichsten Leute und besten Lehrer, dafs man sie nimmermehr gnug kann ehren, loben, oder danksagen, und sollt das sein ein Werk der grofsen Herrn, als Kaiser,[1]) König etc., die da ihrer Zeit Historien mit Fleifs liefsen schreiben, und auf die Librarei verwahret, beilegen, auch sich keiner Koste lassen dauren, so auf solche Leute, so tüchtig dazu wären, zu halten und zu erziehen ginge; wie man siehet, sonderlich in den Büchern der Richter, Könige, Chroniken, dafs bei dem jüdischen Volk solche Meister sind gestiftet und gehalten gewest; auch bei den Königen in Persen, die solche Librarei in Meden gehabt haben, als man aus dem Buch Esrä und Nehemia wohl vernehmen kann. Dazu heutigen Tages die Fürsten und Herrn müssen ihre Kanzelei haben, darin sie ihre eigen, beide, neu und alte Sachen aufheben und beilegen; wie vielmehr sollt man die ganze Zeit über ihres Regiments eine Historie von allen, oder zum wenigsten von den gewegenesten Sachen fassen und den Nachkommen hinter sich lassen!

Und was haben wir Deutschen mehr zu klagen, denn dafs wir unser Vorfahren vor tausend Jahren Geschichte und Exempel nicht haben, und fast nichts wissen, wo wir herkommen sind, ohn was wir aus andern Nation Historien brauchen müssen, die vielleicht aus Noth, als zu ihren Ehren, unser müssen gedenken. Denn weil Gottes Werk ohn Unterlafs für sich gehet, wie Christus spricht (Joh. 5, 17): Mein Vater wirket bis daher, und ich auch; so kanns nicht feihlen, es mufs zu jeder Zeit etwas Merklichs geschehen sein, das

---

[1]) Man erinnere sich an die obenerwähnte Fürsorge des Kaisers Max für die Geschichtswissenschaft.

man billig merken sollt: und obs nicht alles künnte aufgelesen werden, daſs doch die wichtigsten Stücke aufs Kürzest behalten würden; wie denn solchs etliche gemeinet haben, die von dem Dietrich von Bern und andern Riesen Lieder gemacht, und damit viel groſser Sachen kurz und schlecht dargegeben haben.

Aber es gehört dazu ein trefflicher Mann, der ein Löwenherz babe, unerschrocken die Wahrheit zu schreiben. Denn das mehrer Theil schreiben also, daſs sie ihrer Zeit Laster oder Unfall, den Herrn oder Freunden zu Willen, gern schweigen, oder aufs Beste deuten, wiederumb geringe oder nichtige Tugend allzu hoch aufmutzen, wiederumb, aus Gunst ihres Vaterlandes, und Ungunst der Fremden die Historien schmücken oder sudeln, darnach sie Jemand lieben oder feinden. Damit werden die Historien über die Masse verdächtig, und Gottes Werk schändlich verdunkelt; wie man den Griechen Schuld gibt, auch des Papsts Heuchler bisher gethan und noch thun, und zuletzt dahin kompt, daſs man nicht weiſs, was man gläuben soll. Also verdirbt der edle, schöne, höheste Nutz der Historien, und werden eitel Wäscher daraus: das macht, daſs solch hoch Werk, Historien zu schreiben, einem Jglichen frei stehet; der schreibet denn und schweiget, lobet und schilt, was ihm gut dünket.

Darümb soll dies Ampt von hohen Leuten, oder je von wohlbestellten Leuten gebraucht werden. Denn weil die Historien nichts anders, denn Gottes Werk, das ist, Gnad und Zorn beschreiben, welchen man so billig gläuben muſs, als wenn sie in der Biblien stünden; sollten sie wahrlich mit allem höhesten Fleiſs, Treuen und Wahrheit geschrieben werden. Aber das wird nunmehr, acht ich wohl, nicht geschehen, es käme denn die Ordnung wieder, die bei den Jüden gewest ist. Indeſs müssen wir uns lassen begnügen an unsern Historien, wie sie sind, und zuweilen selbs denken und urtheilen,[1]) ob der Schreiber etwa aus Gunst oder Ungunst schlipfere, zu viel oder zu wenig lobet und schilt, darnach er

---

[1]) Es ist also Kritik, welche Luther bei der Lektüre eines Geschichtswerkes vor allem fordert.

den Leuten oder Sachen geneigt ist, gleichwie wir leiden müssen, daſs die Fuhrleute in solchem losen Regiment den Wein über Land mit Wasser fälschen, daſs man den reinen gewachsen Trunk nicht kriegen kann, und uns begnügen lassen, daſs wir doch das Meiste oder etwas davon kriegen."

Aus dieser ganzen Erörterung, verbunden mit den übrigen angeführten Aussprüchen Luthers über die Geschichte, bekommen wir einen lebhaften Eindruck nicht nur von seiner eigenen reichen historischen Begabung, sondern auch davon, welchen hohen Wert im allgemeinen er einem sorgfältigen Geschichtstudium beilegte. Nur verstärkt wird dieser Eindruck, wenn wir seinen persönlichen Studiengang auf historischem Gebiet betrachten; es wird deshalb von Wichtigkeit sein, demselben nunmehr im einzelnen zur Vervollständigung und Erhellung des bisher im allgemeinen gewonnenen Bildes von Luthers historischen Bestrebungen und Interessen nachzugehen.

2. Kapitel.
Luthers Studiengang auf kirchenhistorischem Gebiete.

1. Abschnitt.
Luthers historische Studien bis zur Leipziger Disputation.

1. Bis zur definitiven Übersiedlung nach Wittenberg.

In dem sagen- und geschichtenreichen Thüringerlande geboren und aufgewachsen,[1]) hörte Luther schon in seiner frühen Jugend von den alten Begebenheiten seines Vaterlandes erzählen. In Thüringen war der Wohnsitz der edlen

---

[1]) Besonders ansprechend sind die Schilderungen von Jürgens Bd. I, 1—301 über Luthers Kindheit. Ihnen ist hier der meiste Stoff entnommen.

Landgräfin Elisabeth gelegen, von der das Volk noch jahrhundertelang zu singen und zu sagen wuſste, deren freundlichem Bilde wir auch oftmals bei Luther begegnen. Er redet von ihrer Liebesthätigkeit[1]) den Armen und Kranken gegenüber, freut sich ihres „einfältig, göttlich und kräftigen Urteils über Dinge, die doch jedermann für köstlich geachtet", er gedenkt auch ihrer Heiligsprechung,[2]) doch dürfe man keinen Artikel des Glaubens daraus machen. In Thüringen hatte auch der Landgraf Ludwig der Springer geherrscht, der, um ein böses Leben zu sühnen, sich in der Kutte begraben lieſs. Auch ihn erwähnt Luther in den Tischreden,[3]) er spricht von seiner Gefangenschaft auf dem Giebichenstein und glaubt an den sagenhaften berühmten Sprung, von dem er seinen Beinamen hatte, als wenn es historische Wahrheit sei. In die Thüringer Berge versetzte die Volkssage auch das unterirdische Schloſs Kaiser Friedrichs und zahlreiche Mären gingen im Munde der Leute von den Thaten dieses Kaisers und von seinem Aufenthalt im Kyffhäuser. Von ihm berichtet Luther: „Ich hab in den Landen, als ich noch ein Kind war, ein Prophezei gehört, Kaiser Friedrich würde das heilige Grab erlösen."[4]) Ausdrücklich weist er also darauf hin, daſs in seiner Kindheit solche Sagen erzählt wurden, und wir gehen wohl nicht fehl, wenn wir auch jene Legenden von der heiligen Elisabeth und Ludwig dem Springer als Jugendreminiscenzen des Reformators ansehen.

So kam also Luther schon in seinen frühesten Tagen durch solche Volkssagen mit der Geschichte, freilich einer märchendurchwobenen Geschichte, in Berührung, und anders geartet wird auch wohl kaum der historische Stoff gewesen sein, der ihn hier und da auch in seiner Schulzeit beschäftigte. Luther war, wie bekannt, bis zu seinem 14. Lebensjahre auf der Lateinschule in Mansfeld.[5]) Von dieser Schule hatte er noch späterhin keinen guten Eindruck. Durch übermäſsig

---

[1]) Z. B. E. A.² 7, 226. 8, 69.
[2]) E. A. 24, 252.
[3]) E. A. 60, 354 f. 61, 330 f.; cf. auch unten.
[4]) E. A. 28, 139.
[5]) Cf. Köstlin Bd. I, 33; Jürgens Bd. I, 159 ff.

strenge Zucht wurden die Knaben verschüchtert und ihnen die Lernfreudigkeit genommen. Der Unterricht selbst, von ungebildeten Lehrern erteilt, war geistlos und roh, beschränkte sich auf schematisches Auswendiglernen von Deklination und Konjugation, sowie einigen religiösen Stoff, als Katechismus und Vater unser.¹) Lehrbücher waren vor allem der Donat und das *vocabularium ex quo*, sowie der *Cisiojanus*,²) ein kirchlicher Kalender in Versen, der zur Erlernung der Festtage diente. Der ganze Unterricht ging wesentlich darauf hinaus, Geistliche zu erziehen; wie Luther selbst einmal sagt, war er „auf den geistlichen Stand gerichtet."³)

Nach kurzem Aufenthalt in Magdeburg bei den Nullbrüdern⁴) kam Luther auf die Schule nach Eisenach. Hier war der gelehrte, vom Humanismus nicht ganz unberührte Trebonius Rektor und unter seiner milden, verständigen Zucht bekam Luther Freude an den Wissenschaften. Er war, wie Melanchthon erzählt,⁵) ein guter Schüler, scharfen Geistes und besonders im Lateinischen sehr gewandt. Trebonius⁶) unterrichtete nach einer weit besseren Methode als die Mansfelder Lehrer, und so konnte Luther im Jahre 1501 wohl vorbereitet auf die Universität nach Erfurt ziehen. Wie stand es nun mit seinen geschichtlichen Kenntnissen zu dieser Zeit? Sie waren, wie zu erwarten, sehr dürftig. Der Unterricht in der Schule konnte dem von Natur historisch veranlagten

---

¹) Mathesius 1. Predigt *de vita Lutheri*.

²) Cf. über diesen Jürgens Bd. I, 172.

³) E. A. 22, 189. Daſs Luther hier richtig urteilt, wird durch Ruhkopf, Geschichte der Schule und des Erziehungswesens, S. 135 f. bestätigt. Über die Lehrbücher cf. denselben S. 136 ff.

⁴) Diese sind nach Köstlin Bd. I, 34 (ebenso Kolde Bd. I, 35) die Brüder des gemeinsamen Lebens. Jürgens meint dagegen, Luther verwechsele „Nullbrüder" und „Trullbrüder"; letztere Bezeichnung aber hatten die Franziskaner, die Jürgens für Luthers Lehrer ansieht. A. a. O., Bd. I, 258 f. Cf. auch Köstlin, Geschichtliche Untersuchungen über Luthers Leben vor dem Ablaſsstreit (Stud. u. Krit. 1871, XLIV, Bd. I, 32 ff.).

⁵) Melanchthon, *vita Lutheri*, S. 6.

⁶) Über diesen cf. Jürgens Bd. I, 273 ff. Das Schulprogramm von Köhler, „Luthers jugendliche Bildung in Eisenach" war mir nicht zugänglich.

Knaben nichts bieten; denn man beschäftigte sich in den Lateinschulen natürlich ebensowenig mit der Geschichte, als auf den Universitäten.[1]) Luther mußte deshalb später selbst klagen, er habe in seiner Jugend wenig Historien gelesen, es habe ihn auch niemand darin unterrichtet.[2]) Historische Bücher kannte er somit damals noch nicht, selbst die alten Historiker waren ihm fremd.[3]) Einzig und allein die Heiligenlegenden,[4]) wie die *legenda aurea* und die *vitae patrum*, werden es gewesen sein, mit denen er sich schon als Knabe beschäftigt hat. Und auch diese hatten weniger den Zweck historischer Belehrung, als vielmehr den der Erbauung. Ihre Lektüre mag denn auch ein gutes Teil zu Luthers asketischen Tendenzen und zu seinem Übertritt ins Kloster mitgewirkt haben. Kritik an ihnen zu üben, verstand der Knabe natürlich noch garnicht, sondern glaubte ebenso wie seine Zeitgenossen noch den ganzen in den Legenden aufgespeicherten Wust von Unwahrscheinlichkeiten und Märchen, worüber er selbst später, als er gelernt hatte, die Legenden kritisch zu betrachten und sie dann unter Umständen als Geschichtsquelle zu verwenden, mehrfach geklagt hat.[5]) Etwas besser wurde es nun mit Luthers historischen Kenntnissen, als er in Erfurt seine philosophischen und juristischen Studien trieb. Er begann jetzt mehr sich den Klassikern zuzuwenden und las unter anderm den Livius, sowie besonders die römischen

---

[1]) Cf. Ruhkopf a. a. O., S. 139; Jürgens Bd. I, 174. Deshalb drang auch Luther so besonders auf Geschichtsunterricht in der Schule (E. A. 22, 190 f.).

[2]) E. A. 22, 191. Die Stelle ist schon oben angeführt.

[3]) Jürgens Bd. I, 274.

[4]) Über diese cf. Jürgens, Bd. I, 248 ff., der selbst hervorhebt, die Legenden hätten Luthers geschichtlichen Sinn belebt. Ein Beweis, daß Luther sie in seiner Jugend schon gelesen, ist z. B. E. A.³ 7, 19 f. (Übrigens erscheint es mir doch nicht angemessen, mit Bezug auf Luthers klösterliche Neigungen von „religiösen Verirrungen" zu reden, wie Jürgens a. a. O. S. 249 thut.) Über Luthers Beschäftigung mit den *vitae patrum* cf. Jürgens Bd. I, 219. (Diese Stelle ist auch bei Förstemann-Bindseil, Tischreden IV, 721 citiert.) Cf. auch weiter unten die genauere Auseinandersetzung über Luthers Stellung zu den Legenden.

[5]) Z. B. E. A. 62, 40.

Komiker.[1]) Durch Livius bekam er also den ersten Eindruck von einem guten Geschichtswerk und er hat noch in späterer Zeit mit Vorliebe gerade seiner gedacht, indem er ihn über die neueren Historiker weit emporhob.[2]) Es war Luther durch die Lektüre der Klassiker eine Ergänzung geboten zu seinem bisherigen und zu seinem Fachstudium, eine Ergänzung, welche besonders auf dem Gebiete der Sprachkunde und der Geschichte wertvoll werden konnte.

In Erfurt bestand, wie wir wissen, zu Luthers Zeit bereits eine recht bedeutende Universitätsbibliothek, die schon am Anfange des 15. Jahrhunderts gegründet war.[3]) In ihr waren doch jedenfalls die wichtigsten Geschichtswerke der letzten Jahrhunderte vorhanden, und da, wie bekannt, Luther ein sehr eifriger Bibliothekbesucher[4]) war, der gern herumstöberte, so ist es sehr wahrscheinlich, daſs er schon dort auf der Erfurter Bibliothek die erste Bekanntschaft mit den Platina, Blondus, Antoninus v. Florenz und ähnlichen gemacht, die wir schon bald hernach so häufig in seinen Studien antreffen. Es ist **wahrscheinlich**, aber Gewisses läſst sich darüber nicht sagen.

Auf der andern Seite boten doch auch die juristischen Fachstudien, — um von den philosophischen zu schweigen — neues Material der Geschichtserkenntnis; denn gerade das *jus canonicum*,[5]) welches Luther studierte, ist

---

[1]) Melanchthon, *vit. Luth.*, S. 6; Kampschulte, Univ. Erfurt, Bd. II, 1 ff.; Stud. u. Krit., Bd. XLIV, 1, 1871, S. 38; Jürgens Bd. I, 450 ff.; Köstlin Bd. I, 46 ff.; Schmidt, Luthers Kenntnisse der Klassiker, S. 15 ff.

Übrigens ist es nach meiner Ansicht durchaus unzutreffend, wenn Jürgens sagt: „Luther habe die volle Hälfte seiner Geschichtskenntnisse den Klassikern entnommen." Die den Klassikern entnommenen Kenntnisse bilden vielmehr nur einen geringen Bruchteil.

Von neueren Dichtern erwähnt er selbst Baptista Mantuanus; er erzählt, dieser sei der erste Poet gewesen, den er gelesen habe. Köstlin Bd. I, 46.

[2]) Z. B. Bindseil II, 177; Lauterbach S. 179.

[3]) Jürgens Bd. I, 355.

[4]) Jürgens Bd. I, 414.

[5]) Über dasselbe cf. Schulte, Geschichte der Quellen und Litteratur des geistlichen Rechts, Bd. I und II; sowie unten Teil II, Kapitel 5, Abschnitt 1, wo Luthers Verhältnis zu demselben als historischer Quelle näher erörtert ist.

für die Geschichte der Kirche eine wesentliche Quelle, die freilich nur mit Kritik zu gebrauchen ist; aber eine solche Kritik konnte Luther damals doch nur sehr wenig oder gar nicht ausüben; denn seine kanonischen Rechtslehrer hatten natürlich das Bestreben, ihm den höchsten Respekt vor dem, teilweise noch obendrein durch päpstliche Befehle sanktionierten *jus canonicum* einzuflöfsen.[1]) So wuchs in der That der **Stoff** seines Wissens durch dies Studium nicht unbedeutend, doch fehlte noch die **Sichtung** dieses Stoffes, die erst in den Zeiten des beginnenden Kampfes sich geltend machen konnte.

Nachdem Luther sich eine kurze Zeit mit der Jurisprudenz beschäftigt hatte, trat er plötzlich und unerwartet ins Erfurter Augustinerkloster. Er, der bereits die Magisterwürde erlangt hatte, sollte nun auf Befehl der Brüder die niedrigsten Dienste verrichten. Er that es ohne Murren, doch legte sich die Universität darein und schaffte ihm Gelegenheit, sich wieder den Wissenschaften mehr zuzuwenden. Nun studierte er auf Befehl seiner Ordensoberen eifrig, aber ohne Freude, die grofsen Scholastiker.[2]) Sie gewährten ihm keine Befriedigung. Da kam er auf das Studium der alten Väter: Origenes, Hieronymus, Augustin lernte er jetzt kennen und erfreute sich an ihnen.[3]) Sie konnten schon eine fernere Erweiterung seines historischen Wissens bedeuten, doch hat er sich damals immer noch in erster Linie mit Dogmatik und Exegese abgegeben; eigentlich historische Studien lagen ihm noch fern, obwohl anzunehmen ist, dafs er jetzt auch das beliebteste kirchenhistorische Lehrbuch des Mittelalters, die

---

[1]) Zu ihnen zählte besonders Henning Göde, der bis 1510 in Erfurt lehrte (cf. Jürgens Bd. I, 493 ff.; Köstlin Bd. I, 55 f.).

[2]) Jürgens Bd. I, 673 ff.; Köstlin Bd. I, 66. Sämtliche Biographen heben hervor, dafs Luther damals noch nicht die kirchenpolitischen Tendenzen Occams, Gersons, d' Aillys gekannt habe (Köstlin Bd. I, 68; Kolde Bd. I, 55).

[3]) Köstlin Bd. I, 82. 86: Jürgens Bd. II, 104 ff.; Melanchthon, *vit. Luth.*, S. 9. Auch eine angebliche Schrift des Athanasius, den „*dialogus Athanasii cum Ario. coram Probo iudice*" gab ihm sein Präceptor in einem alten Manuskript, wie Luther selbst *V. A.* 7, 524 erzählt.

Rufinische Übersetzung der Kirchengeschichte des Eusebius kennen gelernt hat, ebenso die *historia tripartita* des Cassiodor.[1]) Wie weit sich jedoch diese Studien erstreckten, läfst sich nicht mit Bestimmtheit sagen, sie lagen, wie erwähnt, noch ziemlich aufserhalb seines Interessenkreises und es gab aufserdem niemanden, der ihn auf sie hinwies. Wir werden uns daher vorstellen müssen, dafs seine etwaige Bekanntschaft mit diesen historischen Schriften auch nur durch seine im Kloster eifrig fortgesetzten Bibliotheksbesuche, von denen er selbst mehrfach spricht, vermittelt worden ist. Gelegentlich eines solchen Durchstöberns der Klosterbibliothek entdeckte er auch die *Sermones* des Joh. Hus, wagte es, sie anzusehen und las zu seinem Erstaunen, wie gewaltig der Ketzer das Wort Gottes gepredigt hatte. Voll Grauen aber warf er das Buch zu und eilte hinweg.[2]) Er mufs also damals auch schon von der Bewegung des Hufs historische Kunde gehabt haben, wenn auch nur eine sehr getrübte, die ihm durch mündliche Überlieferung[3]) zuteil geworden war, und wofür sich gerade im Erfurter Augustinerkloster manche Gelegenheit fand. Dort war ja das Grab des Doktor Johann Zachariä,[4]) der durch betrügerische Manipulationen den Ketzer überwunden und dafür eine Rose vom Papste bekommen hatte. Luther erzählt uns, dafs Andreas Proles vor einem Bilde desselben im Gothaer Augustinerkloster stehend, dem Staupitz einst jene Betrugsgeschichte erzählt habe, und dafs er selbst sie dann wieder von Staupitz gehört habe.[5])

So sehen wir auf mancherlei Weise den historischen Gesichtskreis bei Luther sich erweitern, teils durch mündliche

---

[1]) Dafs dabei natürlich auch die Lektüre der Legenden, der „schädlichen Münchebücher" etc. wieder von ihm gepflegt wurde, darauf hat schon Jürgens aufmerksam gemacht (Bd. I, 627). Solche Bücher bildeten den wesentlichsten Teil der Klosterbibliothek.

[2]) So erzählt er selbst, z. B. E. A. 65, 81. Cf. Köstlin Bd. I, 87.

[3]) Er sagt selbst an jenem Ort, die Geschichte des Kostnitzer Konzils habe er damals noch nicht gewufst. Dagegen berichtet er, dafs ihm sein Lehrer, Joh. Greffenstein, von Hus erzählt habe (E. A. 24, 25).

[4]) Gestorben 1428.

[5]) Cf. die Geschichte von Luther ausführlich erzählt in E. A. 65, 80; Bindseil III, 153.

Erzählungen, teils durch juristische Fachstudien, durch Lektüre der Väter, durch Bibliotheksbesuche; aber alles das doch in — ich möchte sagen — unbewufster Weise; Luther lernte geschichtliche Dinge kennen, aber noch nicht die Geschichte selbst, die geschichtlichen Kenntnisse waren eine wohl kaum beabsichtigte, aber doch willkommene Frucht seiner übrigen Studien, und da diese wie alles, was er angriff, sehr gründlich und sorgsam waren, so werden wir annehmen können, dafs schon damals auch seine geschichtlichen Kenntnisse nicht ganz unbedeutend gewesen sind, obwohl er selbst später nur mit Bedauern von jener Zeit sprach und meinte, er habe damals nicht viel gewufst.[1])

Gegen Ende des Jahres 1508 erfolgte plötzlich seine Versetzung nach Wittenberg, wo er sich den ersten theologischen Grad erwarb.[2]) Er hatte die Verpflichtung, über Physik und Dialektik zu lesen, was ihm nicht besondere Freude bereitete.[3]) Von seinem sonstigen Thun in dieser Zeit wissen wir wenig; auch wurde er schon nach einem Jahre nach Erfurt zurückberufen, wo er sich die zweite Stufe, die des *sententiarius*, errang und etwa drei Semester an der Universität thätig war. Wir haben aus diesen Jahren fast gar keine Nachrichten über ihn, doch ist aus einem Funde von Buchwald in Zwickau festgestellt, dafs er damals sich mit dem Buche des gelehrten Johann von Trittenheim mit dem Titel „liber lugubris de statu ecclesiae" beschäftigt hat.[4]) Zu sonstigen historischen Studien wird wohl bei seiner anstrengenden Thätigkeit für die Vorlesungen kaum Zeit gewesen sein.

Ehe er dann im Jahre 1512 dauernd seine Thätigkeit in Wittenberg wieder aufnahm, trat ein Ereignis ein, welches für ihn auch in bezug auf die Erweiterung seiner historischen

---

[1]) E. A. 22, 191; V. A. 7, 525.
[2]) Er wurde damit *baccalaurius biblicus*. Über die theologischen Grade damaliger Zeit cf. Köstlin, Bd. I, 98 f. und PRE² V, 342 ff.
[3]) Köstlin Bd. I, 96; Enders I, 6.
[4]) „Christliche Welt" 1890, Sp. 846. Zahlreiche Anmerkungen zeigen Luthers sorgfältige Arbeitsweise.
Über Trithemius cf. Allg. Deutsche Biogr., Bd. XXXVIII, 626 ff.

Kenntnisse wertvoll[1]) werden sollte, seine Reise nach Rom,[2]) die er auf Befehl und in Angelegenheiten des Ordens 1511[3]) unternahm. Luther schaute mit klaren offenen Augen alles, was ihm auf der Reise wie in Rom begegnete. Er wickelte seine Ordensgeschäfte ab, wanderte aber daneben in den vier Wochen seines Aufenthaltes eifrig in Rom umher und besichtigte christliche wie heidnische Altertümer.[4]) Es ist möglich, dafs ihm dabei als Führer die vielgedruckten *mirabilia Romae*[5]) gedient haben, die aufser einer sagenreichen und

---

[1]) Cf. hierzu W. Köhler, Luthers Schrift an den Adel, S. 320 ff.

[2]) Cf. besonders Köstlin Bd. I, 100—107; Jürgens Bd. II, 268—358. Bei letzterem erscheint jedoch Luther viel zu sehr als religiöser Schwärmer und fanatischer Mönch, eine entschieden falsche Auffassung, welche auch die Thatsachen verschiebt. Aufserdem ist Jürgens' Darstellung hier doch gar zu breit.

[3]) Über Jahr und Grund der Reise hat man viel gestritten. Ich folge hier Köstlin Bd. I, 100 ff. Anders Jürgens, der 1510 als Jahr und Luthers Pilgerfahrt als Absicht angiebt, während der Zweck der Erledigung von Ordensgeschäften erst ein sekundärer sei (Jürgens Bd. II, 268—271). Cf. auch Kolde, Deutsche Augustinerkongregation, S. 241.

[4]) Bindseil I, 162 f.: „*Martinus Lutherus narravit de situ Romae, quam quatuor hebdomadibus cum summo periculo perlustrasset, et illum locum esse* Das altte Roma. *Nam celeberrima aedificia a Gottis plane esse diruta. In monte Capitolino esse monasterium Minoritanum. Montem Tarpeium dixit altiorem Aventino, Capitolino, Quirino. Deinde dixit de structura theatri, cuius muri et fundamenta adhuc adessent, esse rotundam figuram et structuram fere quindecim gradibus gradatim in circuitu elevatis, capacem esse ducentorum millium hominum. Postea dixit de coemeterio Calixti, in quo multa millia martyrum essent sepulta. Roma ter est expugnata a Germanis, Longobardis, Gottis et Vandalis. Ita et Papa hodie impugnatur. Nam civitas, quae hodie cernitur, plane est cadaver priorum monumentorum.* Do itzundt heuser stehen, sint tzuuor die techer gewest, so tieff liget der schut, *quod facile apparet versus Tiberim,* do si tzuen Landesknecht spisse hoch schut hat. *Habet nunc suam pompam, papa ornatissimis equis praecedentibus triumphat, et sacramentum in equo ornato vehit, nihil ibi laudandum, quam consistorium et Curia Rotae, ibi in causis optime proceditur.* Es hat aldo ein treffliches hart regiment, *ubi iudex qui Parasell dicitur, trecentis ministris circumit.* noch ist ein wüstes leben, wesen und morden do." Man beachte die zahlreichen kleinen von genauer Aufmerksamkeit zeugenden Äufserungen.

[5]) Über die *Mirabilia Romae* cf. ausführlich Jürgens a. a. O. und Riederer, Nachrichten, Bd. III, 394 ff., der zahlreiche Ausgaben aufzählt.

fabelhaften Geschichte Roms die Beschreibung der Kirchen, Reliquien und vor allem der daran geknüpften Ablässe enthielten. Wie aufmerksam Luther sich die Altertümer ansah, merken wir aus vielen Stellen seiner Tischreden, wo er nach zwanzig und mehr Jahren sich ihrer noch genau zu erinnern weifs. So sah Luther die Märtyrergräber, besonders zu St. Calixt, das Pantheon, die Thermen Diokletians,[1]) das Colosseum. Alle diese Eindrücke mufsten auf seinen historischen Sinn tief einwirken. Er beklagte selbst, dafs die alte Roma so gänzlich in Schutt, „zwei Landsknechtsspiefse hoch" vergraben sei.

Er sah und hörte aber auch vieles, was für seine Kenntnis des Papsttums und seiner Geschichte späterhin wertvoll wurde. Er freute sich an dem straffen Geschäftsgang, der an der Kurie herrschte, an der guten römischen Polizei. Er sah aber auch mit Grausen, welche Greuel zu Rom im Schwange waren, wie die Priester teils in unheiliger, teils sogar in blasphemischer Weise Messe hielten. Er hörte Geschichten von Päpsten, die ihn staunen machten über die Frevelhaftigkeit der Nachfolger Petri. Man erzählte ihm von dem schandbaren Alexander VI. allerlei Geschichten „für gewifs."[2]) Man berichtete ihm, wie Paul II.[3]) und der Amtmann von Roncilion sich gestritten hätten und einer den andern *in effigie* verbrannte. Man zeigte ihm die angebliche Bildsäule der Päpstin Johanna[4]) und teilte ihm ihre Geschichte mit. Alles das erzählte er später in seinen Tischreden wieder, brachte es auch häufig in seinen Streitschriften an, so dafs wir gewifs behaupten können, seine Romreise sei für ihn nicht nur in religiöser Beziehung, sondern auch in geschichtlicher von hoher Wichtigkeit geworden.

Noch auf der Rückreise konnte er eine historisch interessante Beobachtung machen, nämlich die, dafs der römische Kultus nicht überall gleich sei, vielmehr die Mailänder eine besondere Liturgie hätten. Man liefs ihn selbst dort nicht

---

[1]) E. A. 62, 437.
[2]) E. A. 60, 189. 194.
[3]) E. A. 26, 125 f.
[4]) E. A. 60, 192.

Messe halten und sagte ihm, die Priester seien hier Ambrosianer.[1]) Auf sein Erstaunen hin werden sie ihm wohl die Geschichte von dem Streit über die Gregorianische und Ambrosianische Liturgie erzählt haben, eine Geschichte, die er selbst in den Tischreden wieder vorbringt.

So kehrte Luther mit wichtigen, auch historischen Erfahrungen bereichert nach Deutschland zurück und zwar nicht nach Erfurt, sondern direkt nach Wittenberg, wo er jetzt seinen definitiven Wohnsitz aufschlug. Er hatte einen Einblick gethan in die große Vergangenheit Roms, in die Geschichte der christlichen Märtyrer. Er hatte aber auch gesehen, daß das Papsttum schon seit geraumer Zeit in einem tiefen Sündenzustande sich befand und hatte das Wort hören müssen:[2]) „Ist eine Hölle, so ist Rom darauf erbauet." Diese persönlichen Erlebnisse mußten seine Ansichten über den Zustand der Kirche und des Papsttums klären und läutern helfen und ihn später, als seine Opposition begann, mit dazu antreiben, durch genauere historische Studien den Thatsachen, die er gesehen, wieder nachzugehen und sie durch die Geschichte der Zeiten hindurch rückwärts zu verfolgen. Sie boten ihm auch sichere Vergleichspunkte für seine durch die Studien erworbenen Kenntnisse, die er dann in seiner Polemik verwertete. Das ist auch eine wichtige Seite der Bedeutung dieser Reise für Luther gewesen. Daran wird er mit gedacht haben, als er sagte:[3]) „Weil mich unser Herr Gott in den häßlichen Handel und Spiel bracht hat, wollte ich nicht hunderttausend Gülden dafür nehmen, daß ich nicht auch Rom gesehen hätte; ich müßte mich sonst immer besorgen, ich thäte dem Papst Gewalt und Unrecht; aber was wir sehen, das reden wir."

---

[1]) E. A. 32, 424; 59, 97; 60, 398.
Bei seinem Aufenthalt in Siena (Hin- oder Rückreise?) kam er mit den Leuten auch auf ein politisches Gespräch über Kaiser Friedrich, der gesagt hatte: „Qui nescit dissimulare, nescit imperare." Es werden solche Gespräche auch wohl noch öfter vorgekommen sein (Jürgens Bd. II, 279). Luther erzählt dies E. A. 39, 277.
[2]) E. A. 23, 10.
[3]) E. A. 62, 435 u. ö.

Mit was er sich zunächst bis zum Herbst 1512 beschäftigte, ist nicht sicher anzugeben. Jedenfalls gehörte zu den vielen Arbeiten, von denen er später spricht, auch die Vorbereitung auf seine Promotion zum Doktor der Theologie, welche ihm von Staupitz anbefohlen wurde, und die er nach längerem Widerstreben unternahm. Sie fand statt am 18. und 19. Oktober 1512, und drei Tage später wurde Luther als Professor der Theologie in den Senat der Universität aufgenommen. Jetzt erst begann seine eigentlich theologische Docentenlaufbahn.

2. Bis zur Leipziger Disputation.

Die Universität Wittenberg,[1]) deren Lehrkörper Luther jetzt angehörte, war im Jahre 1502 von Friedrich dem Weisen gestiftet worden, besonders durch die Bemühungen des Staupitz und des Leipziger Professors Pollich von Mellrichstadt,[2]) eines sehr gelehrten, verständigen Mannes, der auf fast allen Gebieten des Wissens zu Hause und ein eifriger Freund der Humanisten war. Die Universität war von Kaiser Max bestätigt worden und hatte grofse Vorrechte erhalten. Darauf erst war die päpstliche Autorisation nachgesucht und erlangt worden. Die kaiserlichen Privilegien gaben der Hochschule von vornherein eine Freiheit von kirchlicher Aufsicht, wie sie vorher kaum je bestanden, und die auf die Ausübung der Wissenschaft an ihr sehr heilsam einwirkte. Vortrefflich waren zum grofsen Teil die Docenten,[3]) die an der Hochschule thätig waren, eine ganze Anzahl hatte wenigstens Beziehungen zum Humanismus. Als die bedeutendsten sind zu nennen: der Jurist Christoph Scheurl, später eine Zeitlang Luthers besonderer Freund, der Mediziner und Theolog Pollich, unter

---

¹) Vgl. über diese Köstlin Bd. I, 90—95; Jürgens Bd. II, 204—235 (sehr viele Details); aufserdem Grohmann, Annalen der Universität Wittenberg, Bd. I, 1 ff.

²) Über Pollich und seine Verdienste cf. Jürgens Bd. II, 185 f.

³) Über diese giebt besonders der Lektionskatalog von Scheurl (1509) genaue Auskunft (Jürgens Bd. II, 214 f.). Derselbe ist auch bei Mylius, *memorabilia*, S. 161, Nr. 122, 5 angeführt.

den Philosophen Amsdorf, Karlstadt, unter den Theologen Staupitz und Trutvetter.[1]) Einzelne der Professoren lasen auch über lateinische Klassiker, dagegen war das Griechische [2]) noch nicht vertreten. Geographie und Geschichte [3]) fehlte gänzlich, ebenso eine Bibliothek, die erst 1514[4]) durch Spalatins Einfluſs gegründet wurde und seitdem unter seiner Leitung guten Aufschwung nahm.

Auf diese Hochschule wurde Luther 1512 berufen. Damit beginnt für ihn die Zeit seiner reformatorisch gerichteten Lehrthätigkeit, anfangs noch in festem Zusammenhang mit der Kirche, seit 1517 in beginnender Opposition gegen dieselbe, bis die Leipziger Disputation die erste deutliche Phase der Scheidung anzeigt. Wir haben hier nicht von Luthers dogmatischer Stellung in dieser Zeit der Vorbereitung zu reden, es kommt vielmehr darauf an, zu zeigen, wie sich jetzt immer mehr und mehr seine historischen Studien und Anschauungen befestigen, auch diese zunächst noch gänzlich in Übereinstimmung mit der römischen Kirche. Eine

---

[1]) Staupitz legte 1512 nach Luthers Eintritt seine Professur nieder, Trutvetter ging schon 1510 nach Erfurt zurück. Über Staupitz' Lehrthätigkeit in Wittenberg cf. besonders Kolde, Deutsche Augustinerkongregation, S. 220. 243 f. 254.

[2]) Es kam erst durch die Bemühungen von Melanchthon in Aufnahme.

[3]) Die erste ordentliche Professur für Geschichte wurde 1579 errichtet (Grohmann, Annalen etc., Bd. I, 119).

[4]) Jürgens Bd. II, 234, ebenso Grohmann, Annalen etc., Bd. I, 90 ff., der annehmen zu können glaubt, daſs die Bibliothek 1504 bereits gegründet wurde (?). Er schöpft wesentlich aus Mylius, *memorabilia bibliothecae academicae Jenensis*. Dieser berichtet in einem sehr sorgsam gearbeiteten einleitenden Kapitel über die Gründung der Bibliothek und Spalatins Bemühungen, die selbst noch fortdauerten, als er 1525 nach Altenburg versetzt wurde. Für seinen Eifer zeugt die verhältnismäſsig sehr groſse Zahl alter Drucke, die noch heute in Jena sich befinden, wohin 1548 die Bibliothek überführt wurde (Mylius, *memorabilia* S. 1—33). In dieser Bibliothek sind auch die Historiker gut vertreten. Fast alle von Luther benutzten historischen Schriften sind vorhanden, vielfach sogar in mehreren verschiedenen Ausgaben. Eine eingehende Durchsicht dieser alten Drucke würde für unsern Zweck sicher noch manches Wertvolle bieten. Leider war mir dieselbe nicht möglich.

eigentliche Opposition findet sich auch hier erst in den Vorbereitungen für die Leipziger Disputation.

Die erste schriftliche Ausarbeitung, welche wir aus dieser Zeit und auf theologischem Gebiete überhaupt von Luther besitzen, ist seine grofse Psalmenauslegung, welche er in den Jahren 1513—1516 niederschrieb und im Kolleg vortrug.[1]) Sie wurde gegen Ende 1515 von ihm druckfertig gemacht, ist aber damals nicht herausgekommen, sondern erst neuerdings der Weimarer Lutherausgabe einverleibt worden. In dieser Psalmenauslegung sehen wir die ersten deutlichen Spuren, dafs Luther sich genauer mit der Geschichte, sowohl besonders der alten Kirche, als auch späterer Zeiten beschäftigt hat.[2]) So findet sich in der Scholie zu Ps. 77 die dem Bernhard entnommene Anschauung von den drei Hauptleidens- und Versuchungszeiten der Kirche,[3]) deren zweite die Zeit der Häretiker, vorzüglich der Arianer ist, die in der Glosse zu demselben Psalm erwähnt werden.[4]) Es ist nicht anzunehmen, dafs Luther jene Stelle blindlings dem Bernhard entlehnt habe, vielmehr beweist die Anführung in der Glosse schon, dafs er sich selbst in der Kirchengeschichte danach umgesehen hat. Aufser dem ihm schon früher bekannten *dialogus Athanasii cum Ario* wird er die Kirchengeschichte des Eusebius-Rufin dafür benutzt haben, sowie Cassiodors *historia tripartita*, die beide, freilich erst etwas später, namentlich erwähnt werden. An einer andern Stelle der *dictata super Psalterium* weist er darauf hin,[5]) dafs nach dem Zeugnis des Hieronymus[6])

---

[1]) Cf. die Einleitung in der Weimarer Ausgabe, Bd. III. Die *dictata super Psalterium* zerfallen in Glossen, die sich handschriftlich auf der Wolfenbüttler Bibliothek, teils interlinear, teils marginal in einen gedruckten Psalter eingetragen finden, und in Scholien, die im Manuskript auf der Dresdener Bibliothek aufbewahrt werden. Letztere sind bereits 1876 in zwei Bänden von Seidemann herausgegeben worden.

[2]) Darauf macht auch Jürgens Bd. II, 445 aufmerksam.

[3]) Weim. Ausg. Bd. III, 564; cf. Dieckhoff, Luthers Stellung zur Kirche, S. 25 f.

[4]) Weim. Ausg. Bd. III, 558.

[5]) Weim. Ausg. Bd. III, 185.

[6]) Hieronymus, *Commentarii in Ezechielem*, lib. IX, c. XXIX. (Migne, *patrol. lat.*, Bd. XXV, Sp. 277.) „Pharao . . . videturque mihi non esse

die Könige von Palästina Abimelech genannt wurden, wie diejenigen der Ägypter Pharaonen und Ptolemäer, die der Römer *Caesares* und *Augusti*. Daraus ergiebt sich eine gute Kenntnis des Hieronymus, speciell seiner Kommentare, wodurch die Nachricht, er habe sich schon im Kloster damit beschäftigt, ihre Bestätigung bekommt. Schon ganz im Anfang des Psalmenkommentars (Scholie zu Ps. 9)[1]) findet sich die ganz besonders auf eingehende historische Studien deutende Bemerkung: „*(Sicut) rex Gottorum dicebat se esse flagellum dei, et similiter rex Scytharum*", die nur einer gröfseren weltgeschichtlichen Chronik entnommen sein kann.[2]) Ebenso finden wir in den *dictata* zum ersten Male den Josephus[3]) erwähnt, dessen „jüdischer Krieg" von Luther späterhin sehr häufig benutzt worden ist.

So treten uns gleich in der ersten erhaltenen Arbeit Luthers seine historischen Neigungen und Studien entgegen, was in der That bedeutsam im Hinblick auf seine späteren Schriften ist. Die Benutzung verschiedener rein historischer Quellen verraten uns jene Citate, aber daneben ging natürlich fortgesetzt das Studium der alten Väter,[4]) besonders des Augustin und Hieronymus her, das ihm von diesen wichtigsten beiden Kirchenvätern reichliche Kenntnis verschaffte.

---

unus, sed apud Aegyptios hoc vocabulo demonstrari regiam dignitatem, sicut apud Romanos Caesares et Augusti reges eorum appellantur a primo Caio Caesare et secundo adoptivo eius Octaviano, qui postea Augustus est nominatus; et apud Syros Antiochi, apud Persas Arsacidae, apud Philisthiim Abimelech et post Alexandrum in Aegypto Ptolemaei usque ad Cleopatram" . . .

[1]) Weim. Ausg. Bd. III, 90.

[2]) Der Ausdruck „*flagella divina*" findet sich bei Antoninus, *Chronicon tit. XI. c. VIII. § 2*, aber nicht von dem Hunnenkönige gebraucht; dem Sinne nach auch im „*Exordium*" desselben Kapitels. Über „*flagellum dei*" redet auch einmal ein Mönch Theodorich (vielleicht hat Luther diesen mit dem Ostgotenkönig verwechselt). Bei Antoninus, *Chronicon*, tit. *XV. c. II. § 5.* Bei Sabellicus kommt der Ausdruck überhaupt nicht vor.

[3]) Weim. Ausg. Bd. III, 71. 193. 499.

[4]) Seine Belesenheit in den Vätern erwähnt auch Jürgens Bd. II, 445.

Aufserdem finden wir in den *dictata* je einmal die *legenda*[1]) und die *vitae patrum*[2]) erwähnt, von deren früherer Benutzung durch Luther schon oben die Rede war.

Während er nun in diesem und den nächsten Jahren seine reformatorische Lehrthätigkeit[3]) hauptsächlich auf die Paulinischen Briefe und Augustin konzentrierte, sowie daran arbeitete, den Aristoteles und die Scholastiker nach Möglichkeit aus der Theologie zu verdrängen, ersehen wir zugleich besonders aus seinen Briefen und Predigten, dafs sich sein historischer Gesichtskreis mehr und mehr durch Lektüre historischer Schriften erweiterte. Er las sie teils aus persönlichem Interesse an der Geschichte, teils um bei seinen exegetischen, dogmatischen und homiletischen Studien die gewonnenen Resultate verwenden zu können, wie wir Beispiele schon oben in den *dictata super Psalterium* gefunden haben.

So wird im Jahre 1516 zum ersten Male die Kirchengeschichte des Eusebius-Rufin mit Namen citiert, sogar unter genauer Angabe der Stelle, und zwar in einer am Bartholomäustage 1516 gehaltenen Predigt, wo sich Luther bezüglich der Verwerfung der Apostellegenden auf Eusebius-Rufin III, 25 bezieht.[4]) Die oben schon mehrfach ausgesprochene Vermutung, Luther habe Eusebius-Rufin[5]) schon sehr frühe, vielleicht im Kloster kennen gelernt, bleibt angesichts dieser späten Citierung dennoch bestehen, ja wird vielmehr durch die Art der Citation, die von dem Buche offenbar als von etwas sehr Bekanntem spricht, noch bestärkt. Dasselbe gilt

---

[1]) Weim. Ausg. Bd. III, 598. Auch werden mehrfach die Märtyrerinnen der alten Kirche erwähnt.

[2]) Weim. Ausg. Bd. III, 433. Ungefähr gleichzeitige Erwähnung in *V. A.* 1, 80. Näheres über die *legenda aurea* und die *vitae patrum* siehe unten in Teil II.

[3]) Bezüglich dieser, auf welche wir hier nicht näher eingehen können, cf. Köstlin Bd. I, 109—152.

[4]) *V. A.* 1, 119: „*Historiam de sancto Bartholomaeo contemnimus maxime, cum de Eusebio Eccles. Hist. l. 3. c. 25 omnium apostolorum actus velut a pravitate haeretica convictos propellendos dicat.*"

[5]) Über die Benutzung der *hist. eccl.* des Eusebius-Rufin bei Luther im Ganzen cf. unten S. 117 ff.

von der später zu erwähnenden *tripartita historia*, die Luther erst im Jahre 1519 zum ersten Male citierte.

Dieselbe Predigt für den Bartholomäustag interessiert uns noch dadurch, dafs durch die Absicht ihrer Ausarbeitung ein Brief Luthers an Spalatin[1]) entstand, in welchem Luther den letzteren um Mitteilung des über Bartholomäus Wissenswerten aus Hieronymus' *viri illustres* bittet, weil ihm die „*nugae et mendacia*" der *legenda aurea* und des *catalogus sanctorum* nicht zuverlässig genug sind. Hier ist also zum ersten Male der *catalogus Sanctorum* des Petrus de Natalibus genannt, der auch zu den wesentlichen Bestandteilen einer Mönchsbibliothek gehörte und Luther jedenfalls schon frühe bekannt war. Andererseits ist viel wichtiger die Erwähnung der *viri illustres* des Hieronymus;[2]) denn dies Buch ist eine der hauptsächlichsten historischen Hülfsquellen jener Zeit. Über die Bedeutung der Bartholomäustag-Predigt für Luthers historische Anschauung ist weiter unten noch zu reden. Im nächsten Jahre finden wir die *Rhapsodiae historiarum* des Sabellicus in einer Predigt citiert[3]) und damit wieder eine Erweiterung der historischen Studien Luthers festgestellt. Ob er das ähnliche Buch des Nauclerus, das Chronicon, gekannt hat, ist durch keine namentliche Anführung erwiesen, aber sehr wahrscheinlich, da es ein aufserordentlich verbreitetes Werk war. Später, besonders seit Melanchthons Eintritt, hat es jedenfalls in den Wittenberger Reformatorenkreisen Aufnahme gefunden; im Jahre 1534 gab Luthers Freund Amsdorf ein Excerpt aus ihm heraus.[4])

---

[1]) Am 24. August 1516. Enders I, 46. Jürgens Bd. III, 119, versetzt die Predigt wie den Brief ins Jahr 1517; cf. auch Jürgens Bd. III, 121.

[2]) Ob Luther die Fortsetzungen dieses Buches gekannt hat, ist zweifelhaft. Ebenso steht es bezüglich der gleichnamigen Arbeit des Trithemius, von dem Luther, wie erwähnt, sonst den *liber de statu ecclesiae* gelesen hatte.

[3]) Die betreffende Predigt ist von Buchwald in Zwickau gefunden und von Kawerau in der Weim. Ausg. Bd. IV, 666 herausgegeben.

[4]) Cf. Enders I, 364, Anm. 19, Litteraturverzeichnis Nr. 73, und zu dem Original oben S. 9.

Noch ist aus dieser Zeit das Chronicon des Erzbischofs
Antoninus[1]) zu erwähnen, von dem wir zwar nicht durch
namentliche Anführung, aber aus sachlichen Gründen wissen,
daſs Luther sich seiner bedient hat. Die Erwähnung desselben
weist uns schon in die erste Zeit des Kampfes hinein;
denn aus einem Brief des Christoph Scheurl[2]) an Luther erhellt,
daſs dieser aus dem Chronicon die Geschichte einer
Appellation an Luther mitgeteilt hat. Die Quelle wird in
diesem Briefe so erwähnt, daſs man annehmen darf, auch der
Adressat Luther sei damals schon hinreichend mit Antoninus'
Chronik vertraut gewesen. Übrigens führt auch Luther selbst
in seinem Schriftenwechsel mit Prierias, der in eben diese
Zeit (1518) fällt, bereits zum Beweise seiner Ansichten die
„Chroniken"[3]) ins Feld, was in gewisser Weise auf seine
Kenntnis des Nauclerus und Antoninus, deren Bücher ja gerade
diesen Titel haben, hinweisen könnte.

Von den aus italischer Feder hervorgegangenen Schriften
ist endlich hier noch Platina *de vitis Pontificum Romanorum*
zu nennen, ein Buch, das Luther, wenn nicht früher, so doch
sicher in seinen ersten Wittenberger Lehrjahren kennen gelernt
hat. Wir finden es zwar nirgends in Briefen oder
Predigten aus jener Zeit citiert, doch war es ein vielgelesenes
Buch, und Luther selbst zeigt sich bereits in der Leipziger
Disputation so vertraut mit demselben, wie es nur durch
eine schon seit längerer Zeit währende Lektüre möglich war.

Auch auf kirchenrechtlichem Gebiete bewegten sich,
wenngleich in beschränktem Maſse, seine Studien, doch mag

---

[1]) Über dasselbe cf. unten Teil II, Kap. 1, Abschn. 4, woselbst die
Gründe, die für eine Benutzung durch Luther sprechen, angeführt sind.

[2]) 20. Dez. 1518; Enders I, 325. Die Sache bezieht sich auf Luthers
Appellation an ein Konzil (cf. Köstlin Bd. I, 235 f.) vom 28. Nov. 1518.

[3]) *V. A.* 2, 22 und Weim. Ausg. Bd. I, 657: „*Si quicquid facit
ecclesia virtualis, id est Papa, factum ecclesiae dicitur, obsecro, quanta
monstra in ecclesia pro bene factis numerabimus! Nonne Julii secundi
horrendas Christiani sanguinis effusiones? Nonne Bonifacii octavi
tyrannides in toto orbe abhominabiles et per omnes Chronicas pulsatas?
de quo extat proverbium: ‚Intravit ut vulpes, regnavit ut leo, mortuus
est ut canis'.*" Auf diese Erwähnung von Chroniken weist auch schon
Fricks deutscher „Seckendorf" hin, S. 94.

manches noch Reminiscenz seiner Erfurter juristischen Bestrebungen sein. Sicher ist, daſs Luther zur Zeit seines Streites mit Prierias seine Kenntnis des alten Kanonisten Nikolaus von Tudesco,[1]) genannt Panormitanus, den er in seinem juristischen Tractatulus[2]) so eifrig benutzt hatte, wieder aufgefrischt und sich teilweise dessen Aussprüche, die mit seinen Anschauungen merkwürdig übereinstimmten, angeeignet hat; sie boten ihm einen guten Rückhalt[3]) gegen die anmaſslichen Äuſserungen in Prierias' *Dialogus,* und auch später in der Leipziger Disputation hat er sie mit einem entschiedenen Nachdruck wiederholt.[4])

Kommen wir nun zu Luthers historischen Anschauungen und Studienresultaten im allgemeinen, so ist zunächst zu betonen, daſs ihn seine bisherigen Arbeiten in dem historischen Gebiete noch durchaus auf dem Standpunkt beharren lassen, „daſs der Principat der römischen Kirche erst allmählich zur Geltung gekommen ist, aber mit der römischen Kirche sieht er darin nur den geschichtlichen Prozeſs, durch welchen der der römischen Kirche gehörende Primat zum anerkannten Recht geworden ist."[5]) Zwar ist in den Jahren seit 1517 dieser Standpunkt schon etwas erschüttert, aber die geradezu gegenteilige Ansicht zeigt sich doch erst bei der Vorbereitung Luthers zur Leipziger Disputation und bei dieser selbst, von da an rasch zu der Anschauung heranwachsend, daſs der Papst der Antichrist selbst ist. Hier sehen wir den Einfluſs historischer Studien bis jetzt noch sehr wenig, höchstens darin, daſs Luther einen geschichtlichen Werdeprozeſs der römischen Machtansprüche erkannt hat. Anderseits macht sich in Bezug auf Luthers Beurteilung des Legendenwesens ein lebhafter Fortschritt bemerkbar.[6]) Er glaubt nicht mehr ohne

---

[1]) Cf. Köstlin Bd. I, 210.
[2]) Weim. Ausg. Bd. I, 1 ff. (wenn derselbe überhaupt von Luther ist!).
[3]) Weim. Ausg. Bd. I, 656.
[4]) Cf. Köstlin Bd. I, 265. Ebenso schon Kajetan gegenüber in den Augsburger Verhandlungen (cf. Kolde Bd. I, 176).
[5]) Dieckhoff, Stellung Luthers zur Kirche, S. 23. Ähnlich Jürgens Bd. III, 122 f.
[6]) Auch Jürgens weist darauf hin, Bd. III, 117.

weiteres den Legenden selbst, ja verwirft sie hier und da gänzlich und läfst an ihrer Stelle sich durch kritischer gerichtete Historien belehren, wie die *viri illustres* des Hieronymus und die *historia ecclesiastica* des Eusebius-Rufin. Wo er sich aber der Legenden bedient, geschieht es schon unter kritischer Vergleichung mit diesen Quellen. Jene oben erwähnte Predigt über die Legende des Bartholomäus ist hierfür beweiskräftig.[1]) Luther spricht davon, dafs die Legenden der Apostel zu verwerfen seien, da schon Eusebius sage, sie seien durch die Häretiker verderbt. Zur Ausarbeitung der Predigt hatte er sich, wie oben schon erwähnt, von Spalatin die Äufserungen des Hieronymus über Bartholomäus senden lassen und kritisiert nun mit Schärfe und Verständnis die Legende selbst am Eingang seiner Predigt. Wir werden später noch ähnliche Beispiele mehr bei ihm finden.

Seine Kritik beschränkte sich aber nicht blofs auf die Legenden, sondern er übte sie auch schon zu jener Zeit an manchen Schriften der Kirchenväter. So war er, wie früher schon Pellikan,[2]) ein lebhafter Gegner der Echtheit der angeblich Augustinischen Schrift „*de vera et falsa poenitentia*", in welcher er Augustins Gnadenlehre vermifste.[3]) Seine Ansicht hat sich als die richtige erwiesen. Ebenso hegte er Zweifel, ob die Schrift „*de vocatione gentium*" wirklich von Ambrosius sei. Er citiert sie einmal in einem Briefe an Spalatin mit dem Beisatze: „*licet et stylus et ingenium, sed et chronicon alteri, quam Ambrosio nuncupet eum librum, eruditissimum tamen.*" [4])

Die oben erwähnte Citation des Sabellicus endlich zeigt uns auch, in welcher Weise Luther in dem vorliegenden Zeitabschnitt auf historischem Gebiete arbeitete. Die betreffende Stelle lautet, nachdem Luther von der Abgarussage

---

[1]) Cf. oben S. 39 f. Enders I, 46; *V. A.* 1, 119.
[2]) Cf. *Chronicon Pellicani* ed. Riggenbach, S. 36; Kolde Bd. I, 373.
[3]) Cf. Köstlin Bd. I, 117; Kolde Bd. I, 104. Schon 1516 schreibt Luther an Joh. Lorenz: „*negavi librum de vera et falsa poenitentia esse B. Augustini.*" Enders I, 55. Auch Trithemius hatte sie für unecht gehalten.
[4]) 18. Jan. 1518. Enders I, 143.

gesprochen hat:[1]) „*Aliam de Abgaro fabulam, licet apud Eusebium legatur, ecclesia tamen rejecit, vide Sabellicum et Eusebium.*" Luther kannte also aus Sabellicus und Eusebius[2]) die hier gemeinte Abgarussage, sagt aber zugleich, dafs die Kirche sie verwirft. Dies geschieht durch das *decretum Gratiani pars I* in der *Distinctio 15. c. Sancta Romana ecclesia*. Kawerau[3]) bemerkt dazu mit Recht, es liefse sich hieraus erkennen, mit welcher Sorgfalt Luther bereits im Kloster seine Studien betrieben habe. Diese eifrigen Studien seien die Grundlage seiner späteren Kenntnisse geworden. Der Gang unserer Untersuchung beweist, dafs dieses Urteil ein durchaus zutreffendes ist. Überall — in Predigten[4]) und Briefen, in reformationshistorischen Schriften und exegetischen Arbeiten[5]) — finden wir aufs deutlichste die Gründlichkeit und Sorgsamkeit der Studien Luthers ausgeprägt.

So befähigten ihn auch seine **historischen** Studien der letzten Jahre zu dem schweren Kampfe, in welchen er — ohne seinen Willen anfangs — eingetreten war, und der in den nächsten Jahren immer gröfsere Dimensionen annehmen sollte, und nicht nur zu einer völligen Änderung in Luthers Stellung zum Papsttum, zum Bruche mit Rom führte, sondern ihn auch in immer ausgedehnterem Mafse zur historischen Begründung dieser seiner Stellung und damit zu immer tieferen geschichtlichen Studien veranlafste. Wir kommen damit zu dem für diese Bestrebungen Luthers wichtigsten Wendepunkte in seinem Leben, der Leipziger Disputation, die um eben dieser Bedeutung willen hier einen besonderen Abschnitt in Anspruch nehmen darf.

---

[1]) Weim. Ausg. Bd. IV, 666.
[2]) Sabellicus, Ennead. VII, l. 1; Eusebius-Rufin I, 15.
[3]) So in der Theol. Litt.-Zeitung 1886, Nr. 16.
[4]) Cf. z. B. die oben erwähnte Predigt am Bartholomäustag, sowie die verschiedenen Predigten über die Zerstörung Jerusalems.
[5]) Vgl. dafür die vielen Briefe an Spalatin, die wissenschaftliche Gegenstände behandeln (Enders, Briefwechsel). Bezüglich der reformatorischen Schriften erinnere ich nur an „von den Conciliis und Kirchen", für exegetische Arbeiten bieten die *dictata super psalterium* ein Beispiel, ebenso die Kommentare zum Alten Testament etc.

2. Abschnitt.
Die Leipziger Disputation.[1])

1. Vorbereitungen.

Im Jahre 1518 hatte Andreas Bodenstein von Karlstadt, Luthers Wittenberger Kollege, mit Dr. Johann Mair von Eck in Ingolstadt eine litterarische Fehde begonnen wegen der von Eck gegen Luther geschriebenen „*Obelisci*", während Luther auf der Heidelberger Reise sich befand. Zu spät versuchte Eck einzulenken, die Fehde ging immer weiter. Als dann Luther im Herbst 1518 zu Augsburg seine Verhandlungen mit Cajetan hatte, sprach er mit dem gleichfalls dort befindlichen Eck im Namen Karlstadts über eine anzusetzende Disputation. Man einigte sich nach längeren Verhandlungen auf Leipzig, und Eck sowohl wie Karlstadt richteten ein bezügliches Gesuch an die Leipziger theologische Fakultät. Von Luther war dabei weiter gar nicht die Rede.

Ehe noch die Antwort der Leipziger Fakultät eingetroffen war, veröffentlichte Eck nun einen Zettel mit zwölf Thesen für die Disputation. Er fügte später noch eine[2]) (dann Nr. 7) hinein, so dafs dreizehn Thesen aufgestellt waren.[3]) Zu Luthers höchstem Erstaunen aber wandten sich die Thesen viel weniger gegen Karlstadts Sätze über die Quellen und Normen des christlichen Glaubens als gegen Luther selbst.

Die ersten elf (später zwölf) Thesen handelten von Bufse, Ablafs, Kirche, Fegefeuer, überall gegen Luthers bezügliche Anschauungen polemisierend. Weit bedenklicher war aber die 13. These. Luther hatte nämlich in seinen Resolutionen

---

[1]) Über die ganze Leipziger Disputation cf. Seidemann, Die Leipziger Disputation, ferner Köstlin Bd. I, 247 ff.; Kolde Bd. I, 190 ff.; Ranke, Reformationsgeschichte, Bd. I, 277 ff.; Wiedemann, Dr. Eck (Regensburg 1865), S. 75 ff.; Aktenstücke in Löschers Ref. Acta, Bd. III; Weim. Ausg. Bd. II, 153 ff.; V. A. 3.

[2]) Über den freien Willen. Sie war angeblich vorher vergessen worden.

[3]) Siehe dieselben in V. A. 3, 9 ff.

über die Ablaſsthesen[1]) (vom Jahre 1518) ganz nebenhin den Satz ausgesprochen, daſs die römische Kirche zur Zeit Gregors I. noch nicht über den andern Kirchen gestanden habe, ohne zu bedenken, daſs er mit diesem einfach historisch gemeinten Ausspruche eine der wesentlichsten Lehren der römischen Kirche umstieſs. Gegen diese wenig aufgefallene Bemerkung richtete Eck seine 12. (13.) These[2]): „Wir leugnen, daſs die römische Kirche vor dem zweiten Sylvester nicht über den andern Kirchen gestanden habe; sondern wir haben denjenigen, welcher den Stuhl Petri einnahm, für den Nachfolger Petri und den allgemeinen Nachfolger Christi jederzeit erkannt."

Luther war über diese plötzliche Wendung des Kampfes sehr verwundert, ergriff aber mit Entschlossenheit gegen den neuen Gegner die Waffen.[3]) Auch er stellte jetzt zwölf Thesen

[1]) Zu These 22. Weim. Ausg. Bd. I, 571: „finge . . . Romanam ecclesiam esse, qualis erat etiam adhuc tempore B. Gregorii, quando non erat super alias ecclesias, saltem Graeciae . . ." Ähnlich in den acta Augustana: „Ac si plus quam octingentorum annorum christianos totius orientis et Affricae nobis ex Ecclesia Christi eiciunt, qui nunquam sub Romano pontifice fuerunt, nec Evangelium unquam sic intellexerunt. Nam adhuc S. Gregorii tempore Romanus Pontifex universalis episcopus non salutabatur, immo ipsemet Gregorius, licet Romanus episcopus, acerrime persequitur nomen universalis episcopi et totius Ecclesiae pontificis plus fere sex epistolis, ut non dubitet, vocabulum eiusmodi profanum appellare, quod nostro saeculo et solum appellatur sanctissimum. Sicut enim Petrus caeteros Apostolos non creavit (sic enim hodie vocatur Episcopos ordinare), ita successor Petri nullum successorem aliorum Apostolorum creavit. Denique non nisi fratrem et coepiscopum et collegam vocaverunt Romanum Pontificem ceteri episcopi, ut Cyprianus Cornelium et Augustinus Bonifacium et alios" (Weim. Ausg. Bd. II, 20).

Wie Köstlin meint, hat Luther weiterhin auch mündlich auf dem Katheder diese Anschauung zum Ausdruck gebracht (Köstlin Bd. I, 249).

[2]) „Romanam ecclesiam non fuisse superiorem aliis ecclesiis ante tempora Silvestri negamus. Sed eum qui sedem beatissimi Petri habuit et fidem, successorem Petri et vicarium Christi generalem semper agnorimus" (V. A. 3, 11. Die deutsche Übersetzung nach Köstlin Bd. I, 249).

Silvester war 314—335 römischer Bischof.

[3]) Cf. Luthers offenen Brief an Karlstadt von Anf. Febr. 1519; Enders I, 402 ff.

auf, die Anfang Februar 1519 zur Veröffentlichung kamen. Zu ihnen wurde dann, entsprechend der Vermehrung der Eck'schen Thesen, im März noch eine dreizehnte (Nr. 7) hinzugefügt.[1]) Die gegen Ecks oben citierte These gerichtete Gegenthese bei Luther lautete viel schärfer, als er bisher je sich ausgesprochen hatte: „*Romanam Ecclesiam esse omnibus aliis superiorem, probatur ex frigidissimis Romanorum Pontificum decretis intra CCCC annos natis, contra quae sunt historiae approbatae MC annorum, textus scripturae divinae et decretum Niceni concilii omnium sacratissimi.*" Diese These wurde später das Hauptthema der Disputation zwischen Luther und Eck.

Mitten in alle diese Erörterungen hinein fiel nun der Briefwechsel Luthers mit dem Leipziger Professor Hieronymus Düngersheim von Ochsenfurt, ein Briefwechsel, der für die Darstellung von Luthers historischen Studien nicht unwichtig ist.[2]) Düngersheim schrieb unter dem 18. Januar an Luther einen ziemlich ausführlichen Brief,[3]) welcher, an Luthers Vorliebe für das Nicänische Konzil anknüpfend, nachzuweisen sucht, dafs gerade schon durch dieses die Superiorität der römischen Kirche verteidigt worden sei. Der Briefwechsel drehte sich somit auch um die von Eck aufgerührte Streitfrage.

Düngersheim versucht zunächst nachzuweisen, dafs Rufinus einiges aus den Satzungen des Nicänums ausgelassen und dafs das Nicänum im ganzen 70 Kanones[4]) aufgestellt

---

[1]) Luthers Thesen bei V. A. 3, 16 f.; Weim. Ausg. Bd. II, 153 ff.
[2]) Zu ihm cf. die oben angeführte Litteratur gröfstenteils.
[3]) Enders I, 355 ff.
[4]) „*Siquidem, ut vetustissimorum autorum scripta, jura quoque canonica asserunt, non minus septuaginta sunt praefati Concilii sanctiones, inter quas et hae ab ipso Ruffino omissae, videlicet: Placuit (inquiunt Patres sub Constantino Magno in Nicea synodaliter collecti), ut accusatus vel judicatus a comprovincialibus in aliqua causa Episcopus licenter appellet et adeat apostolicae sedis pontificem, qui aut per se aut vicarios suos eius retractati negotium procuret, et dum iterato judicio pontifex causam agit, nullus alius in eius loco ponatur aut ordinetur episcopus etc.*" (Enders I, 357). Damit meint Düngersheim den berühmten Artikel des Sardicensischen Konzils, der dem Papst

habe. Darunter sei auch derjenige über die Appellation der Bischöfe nach Rom. Dieser Satz wird unter Beibringung von Beispielen noch weiter ausgeführt und dafür ein Brief des Athanasius an Bischof Markus von Rom, die *Tripartita* und Platina herangezogen, ebenso Sabellicus, Jacobus Bergomensis und Nauclerus.[1]) Daraus erhelle, dafs die Arianer die ersten seien, welche der römischen Kirche die Superiorität bestritten hätten. Zum Beweise folgen noch weitere Stellen aus den Kirchenvätern. Die sämtlichen Belege sind schon früher von Katholiken vorgebracht worden und werden auch heute zum Teil noch angewandt; doch halten sie historischer Kritik nicht stand. Diesen Brief beantwortete Luther mit einem kurzen Schreiben,[2]) in welchem er Düngersheims Sammelfleifs lobt und fügt dann hinzu: „*Sane et ego omnia legeram in Ecclesiastica et Tripartita*[3]) *historia, deinde in canonibus, quae de Julio et aliis Ro. Pontificibus scribuntur, praeter id unum, quod de Niceni Concilii statutis omissa scribis, et unum illud, quod allegas, fortissimum scilicet, in quo totius epistolae huius tuae nititur fortitudo. Verum, mi vir in Domino venerabilis, crede, et me nosse, ubi ista legeris et ubi scribantur, et non erit tibi necessaria mea responsio. Scio in Decretis Rom. tantum XX eiusdem Concilii statuta censeri,*[4]) *cum Ruffinus pauciora censeat. Denique habemus nos totius Concilii statuta graece scripta.*" Im übrigen verweist er auf die Disputation mit Eck und schliefst dann: „*Quare si permiserunt Ro. Pontif. in Niceno Concilio statim ea,*[5]) *quae dixi ex Ruffino, quae vos quoque*

Julius **persönlich**, nicht dem römischen Bischof als solchem ein gewisses Appellationsrecht zugestand. Über die Zahl der Nicänischen Kanones cf. weiter unten und Hefele, Konziliengesch., Bd. I, § 41.

[1]) Sabellicus, *Rhapsodiae historiarum*. Jacobus Forestus von Bergamo, *supplementum Chronicarum* (auch von Barns in seinen *vitae pontificum* benutzt). Joh. Nauclerus, *Chronicon* (erschienen 1516).

[2]) Enders I, 366 f.

[3]) Die *Tripartita* wird hier zum ersten Male von Luther citiert.

[4]) *Decr. Grat. P. I, Dist. 16. c. Prima autem Synodus.*

[5]) Damit meint Luther den Kanon 6 betr. die Schutzherrschaft Roms über die suburbicarischen Kirchen (Eusebius-Rufin X, 6).

non rejicitis, facile probabo, ne sit juris divini, aut tam Rom. Pont. quam Patres Concilii haereticos. Nec enim contraria statuisse possunt. Non quod totis viribus a Niceno pendeam Concilio, sed quod hoc uno omnia argumenta contraria solvo. Ego autem nitor verbis Evangelii, quod omnes apostoli fuerunt aequales, et illo Matth. XVIII: Quodcunque solveritis etc. Doleo tamen ego fieri ex ista re tantum quaestionis, cum ego Romano Pontifici non negem primatum,[1]) et omnia quae volunt, concedo, nisi quod antiquos Sanctos et Apostolos nolim haereticos fieri ob novum hunc fidei articulum, quem ipsi non tenuerunt."

Auf diesen Brief replicierte Düngersheim schon bald in einem sehr ausführlichen Schreiben,[2]) wo er seine Ansicht noch eingehender darzuthun sucht. Luther antwortete[3]) ihm im Februar, indem er nochmals seine Stellung zum Primat kurz darlegt in ähnlichem Sinne, wie früher; er verwirft die angeführten Beweisstellen: *„Iam de statutis Concilii Niceni quid dicam? quae nec contra me stant, deinde incerta ubique habentur, ut adhuc ignotum sit, quae et quanta sint, et cui fides adhibenda. Denique Athanasii[4]) opera, quibus tu uteris, dubitantur esse Athanasii, ac potius Vulgarii Theophylacti putantur esse."* Er verweist Düngersheim nochmals auf die heilige Schrift.

Daraufhin folgte wiederum eine lange Triplik Düngersheims,[5]) auf welche Luther ganz kurz, nur den Empfang des Briefes anzeigend, antwortete und ein andermal ausführlicher zu schreiben versprach. Erst im September schloß der Briefwechsel ohne Resultat mit einem vierten und fünften Briefe

---

[1]) Den Primat an sich; aber die göttliche Autorität desselben verwirft er.

[2]) Enders I, 373—397.

[3]) Enders I, 438 ff.

[4]) Er war bei Düngersheim angeführt (Enders I, 383). Die betr. Stelle stammt aber aus *Theophylacti commentarius in ep. ad Philipp.* (Theophylakt, Erzbischof von Achris in Bulgarien 1078 bis nach 1107. Enders I, 398, Anm. 25.)

[5]) Enders I, 452—476. Antwort Luthers ebenda 479.

Düngersheims und Antworten Luthers. Letzterer wollte sich zwar auf keine sachliche Erörterung mehr einlassen, da ihr Standpunkt ein zu verschiedener sei, replicierte aber doch noch kurz auf Düngersheims fünften Brief. Auf einen sechsten Brief desselben antwortete er nicht mehr.[1])

Der ganze Briefwechsel hat für uns insofern eine Bedeutung, als wir einen Einblick thun in Luthers historische Studien als Vorbereitung auf die Leipziger Disputation, auf die er Düngersheim so oft hinwies. Wie wir wissen, hatte er sich schon früher mit der Eusebius-Rufinischen Kirchengeschichte, wie auch mit andern historischen Schriften gerne beschäftigt; jetzt nahm er sie wieder zur Hand, wie aus seinem ersten Brief an Düngersheim hervorgeht,[2]) mitten in anderweitigen Arbeiten, und studierte mit grofsem Eifer die Kirchengeschichte des Eusebius-Rufin, die *Tripartita* des Cassiodor, das *decretum Gratiani* und die übrigen Teile des *ius canonicum*, aufserdem Platinas *vitae Pontificum Romanorum*, sowie auch die Kirchenväter, besonders Cyprian und Augustin. Unzweifelhaft[3]) wird er auch die übrigen von Düngersheim in seinen Briefen citierten Schriften sich angesehen haben, die Chroniken des Sabellicus, Nauclerus und Jacobus Bergomensis. Sogar die griechischen Kanones des Konzils von Nicäa standen ihm zur Verfügung; es ist mir jedoch nicht gelungen zu erfahren, ob sie ihm handschriftlich oder gedruckt vorlagen. Wahrscheinlich ist das erstere der Fall. Ich konnte wenigstens im Panzer und

---

[1]) 4. Brief Düngersheims, Enders II, 133 ff. Antwort Luthers 135. 5. Brief, Enders II, 141—154. Antwort Luthers 162. 6. Brief Düngersheims und *Dialogus ad Lutherum*, Enders II, 166—180.

[2]) Enders I, 366.

[3]) Wir finden in den Schriften und Briefen, die sich auf die Disputation beziehen, wie in dieser selbst mehrfach Stellen, die eine Benutzung von Quellen fordern, welche über die alte Kirche hinausgehen. Dafs Luther den Jacobus Bergomensis kannte, ist anzunehmen, denn er war ein Gelehrter seines eigenen Ordens (Düngersheim schrieb „*tuus Bergomensis*" [Enders I, 360]), und sein Buch befand sich auf der Wittenberger Universitätsbibliothek (Mylius, *memorabilia*, S. 205, Nr. 469).

Hain keinen Druck finden, der die Kanones griechisch enthält.[1])

Wir sehen, dafs Düngersheims Erörterungen sich wesentlich auf das Konzil zu Nicäa zuspitzten. Es galt noch immer als das angesehenste in der ganzen Christenheit. Daher war es für Luther von besonderer Wichtigkeit, sich über die auf ihm festgesetzten Bestimmungen vollständig klar zu werden. Dafs er dabei mit seinem scharf logisch denkenden Sinn und seiner unbefangenen Betrachtung der Quellen das Richtige gesehen, wenn er Düngersheim gegenüber einen Primat Roms in jener Zeit leugnete, wird jedermann, der für objektive Geschichtsbetrachtung zugänglich ist, eingestehen müssen.

Die gleiche Anschauung aber sprach der Schlufssatz seiner 12. (13.) These gegen Eck aus. Und so konnte er sich auch Eck gegenüber in dieser Beziehung dank seinen eifrigen Studien vollständig sicher fühlen. Bedenklicher war es dagegen mit den beiden ersten Sätzen seiner These.[2]) Sie waren in dieser Form doch zu keck und anscheinend unhaltbar. Luther wufste auch sehr wohl, dafs gerade diese Sätze für Eck einen besonderen Angriffspunkt bieten würden, ja er erwartete schon dessen voreiliges Triumphgeschrei zu hören.

Dennoch hoffte er, auch sie siegreich durchführen zu können. Auf welche Weise er sich das dachte, darüber schrieb er an Spalatin, um ihn bezüglich dieses Punktes zu beruhigen[3]): *„Scio enim, quod ex hac parte irrupturus est, clamans ac gestiens, quod non possim probare, nec supputationem annorum recte tenuerim (sicut tu quoque sentis), quia longe ante 400 annos, imo ante mille annos quoque Romana Ecclesia decreta ediderit, praesertim Julius primus proximus Niceno concilio, esse Romanam Ecclesiam omnibus*

---

[1]) Möglich ist es, dafs Luther seine Kenntnis der griechischen Kanones dem Melanchthon verdankte. Dieser erwähnt sie nämlich ebenfalls in seiner „*oratio Didymi Faventini . . .*" (*C. R.* I, 333) und hat auch im Jahre 1521 eine griechische Ausgabe der *Canones apostolici* veranstaltet (cf. Panzer, *Annales*, Bd. IX, S. 78, Nr. 100).

[2]) Bis „*MC annorum*" im Wortlaute.

[3]) Enders II, 4 ff. (nach 24. Juli 1519 datiert).

superiorem, nec sine ea licere concilium indicere. His enim ille securissime fretus, etiam ridebit (spero) meam incredibilem stultitiam et temeritatem. Tum ego dicturus sum, quod decreta illa nunquam recepta sunt; sed etsi Gregorius IX., qui Decretalium primus collector est, qui Friderico secundo post S. Franciscum, Dominicum, qui denique sanctam nostram Elisabeth canonisavit, hoc est, nondum 400 annorum mortuus; si Bonifatius octavus, Sexti Decretalium, si Clemens quintus, Clementinarum autor, non redegissent epistolas decretales in volumina: sine dubio nec Germania eas nosceret. Ideo his tribus Pontificibus dandum est, quod decreta Romanorum Pontificum invulgata sunt et Romana tyrannis stabilita.

Sed quid tamen haec ad meam conclusionem? Ego nego Romanam Ecclesiam omnibus Ecclesiis superiorem, non nego eam nostris (ut nunc regnat) superiorem. Quando enim Eccius probabit, quod Constantinopolis, aut ulla Graeciae Ecclesia, quando Antiochena, quando Alexandrina, quando Africae, quando Aegypti sub Romana fuerint, aut episcopos confirmatos acceperint? Ego autem probabo, quod et Gregorius ille magnus et primus a Mauritio Imperatore Graeco confirmatus est, et Sylverius a Belisario patricio per Augustam Graecam depositus, et multa alia. Denique numquid christiani, qui etiam nunc sunt sub Turca, Persarum, Indorum, Scytharum regibus, Romae sunt subjecti? Itane praesentes historias in os Eccii ruentes negabit?

Si ergo posuissem, quod Romana Ecclesia usque in hodiernum diem non omnibus Ecclesiis fuisset superior, et quod contra Eccium staret historia ecclesiae usque ad nostros dies, vera dixissem, sed nimis aperte, et citra insidias. Nunc insidiosissime ei posui laqueum, sed nunc invalidum, quia tibi revelatus, quod timeo Deo non placiturum.

Omitto, quod Cyprianus martyr Africae Ecclesias in concilium vocavit, semper sine autoritate Romani Pontificis, cum tamen esset de Ecclesia Latina, et Romanae adhaereret. Idem tempore Augustini fecerunt quidam Africae episcopi. Extant utriusque Pontificis testatissima scripta. Numquid Eccius aut Romanus Pontifex ea poterit negare?

Nos Germani tantum, accepto imperio, Romanos Pontifices stabilivimus, quantum potuimus. Ideo in poenam rursus eos passi sumus, dirarum tortores et vexatores et nunc palliorum et episcopatuum exhaustores.

Quod autem „frigidissima" decreta vocavi, ideo feci, quod Scripturas in hanc rem torquent, nihil de monarchia, sed pastu et fide tantum loquentes."

An dieser Auseinandersetzung über seine 13. These fällt uns zweierlei besonders auf: Nämlich einerseits die scharfe logische Beweisführung,[1]) und die reiche Fülle historischer Kenntnisse auf dem Gebiete der alten Kirchengeschichte und des Kirchenrechts. Luther hatte, wie schon oben erwähnt, die ältere Geschichte sehr genau studiert,[2]) er kannte die meisten jener Sätze über die päpstlichen Machtansprüche und glaubte sie auf Grund seiner Studien verwerfen zu können.[3]) Er hatte sich ganz besonders in dem *corpus iuris canonici* umgesehen, das er schon von früher her einigermafsen kannte, und hatte sich sorgsam Anmerkungen dazu gemacht.[4]) Freilich kamen ihm dabei schon die schwersten Gedanken bezüglich des Papsttums, er hielt diese aber noch immer vor der Öffentlichkeit zurück.

Andrerseits ist aber doch zu konstatieren, dafs Luther trotz seiner Kenntnisse des *decretum* und seiner Sätze

---

[1]) Der Kern der Frage war immer die göttliche Autorität des Primats. Wenn Luther nun eine Unterbrechung der Kontinuität des Primats nachweisen konnte, so war damit der „iure divino" bestehende Primat überhaupt nichtig (cf. Enders I, 366 und Köstlin Bd. I, 252). Daher seine eifrigen, sorgfältigen Geschichtstudien.

[2]) Auf diese Vorbereitungsstudien weist auch Kolde Bd. I, 197, doch ganz allgemein, hin. Ebenso Seidemann a. a. O. S. 53 Anm. und Plitt, Einleitung in die Augustana, Bd. I, 139.

[3]) Weim. Ausg. Bd. II, 180—240.

[4]) „*Verso et decreta Pontificum pro mea disputatione, et (in aurem tibi loquor) nescio, an papa sit Antichristus ipse vel apostolus eius; adeo misere corrumpitur et crucifigitur Christus (id est veritas) ab eo in decretis . . . Aliquando tibi copiam faciam annotationum mearum in decreta . . .*", schreibt er an Spalatin unterm 13. März 1519 (Enders I, 450). Nicht ganz zutreffend ist die Bemerkung von Ranke (a. a. O. Bd. I, 278): Luther habe erst jetzt das Dekret zu studieren begonnen. Er kannte es schon viel früher.

die kirchengeschichtliche Entwicklung der Primatsansprüche Roms seit etwa Gregor dem Grofsen noch nicht in genügender Weise beherrschte. Es mochte dies aus einem vielleicht schon damals starken Mifstrauen gegen die „italischen Historiker", über die er später so oft klagte, herrühren, einem Mifstrauen, welches ihn verleitete, auch manches von jenen richtig Erzählte nicht zu glauben. So sehen wir ihn denn in der Disputation selbst veranlafst, in Bezug auf die Zeitdauer der allgemeinen Anerkennung des römischen Primats seine Behauptung in gewisser Weise einzuschränken.

Was Luther in dem oben citierten Briefe an Spalatin kurz angedeutet hat, bezüglich des Beweisganges für seine These, das zu veröffentlichen, konnte er sich nun doch nicht enthalten. Er gab seine anfängliche Absicht, den Gegner zu überraschen, auf, und brachte in der Schrift: *„Resolutio Lutheriana super propositione sua XIII de potestate papae"* eine sehr sorgsame Untersuchung über das Thema seiner 13. These. Nachdem er in dieser Arbeit, die viel Aufsehen erregte, zunächst das Schriftzeugnis[1]) gegen die göttliche Autorität des päpstlichen Primats aufgeführt hatte, bekämpfte er in scharfsinnigen, manchmal in der historischen Kritik sehr treffenden Auseinandersetzungen eine ganze Reihe päpstlicher Dekrete[2]) auf Grund seines eingehenden Studiums des *ius canonicum* und führte schliefslich auch noch einen Beweis aus der Geschichte mit zahlreichen einzelnen Fällen an, die gegen die göttliche Autorität des Primats sprechen. Ich mufs mir leider versagen, auf diese gerade in historischer Beziehung so interessante Schrift hier noch näher einzugehen, doch kommen ja bei der Besprechung der Disputation die wesentlichsten Punkte zur Klarstellung. Es genüge, zu bemerken, dafs schon diese frühe Schrift uns einen überraschenden Einblick in Luthers besondere historische Be-

---

[1]) Überhaupt war die heilige Schrift auch in dieser Streitfrage der feste Grund, von welchem Luther ausging. Der Schriftbeweis mufs aber in unserer Erörterung zurücktreten, da es sich hier allein um Luthers zweites Fundament, die Geschichte, handelt

[2]) Besonders aus den *distinctiones XIX—XXII* des *decretum Gratiani*.

gabung thun läfst, und dafs wir schon aus ihr ersehen können, in wie sorgsamer Weise Luther seine historischen Vorbereitungsstudien für die Leipziger Disputation betrieben hat. So konnte er auf Grund dieser Arbeiten als ein gefährlicher Gegner Ecks auf den Kampfplatz treten, und es hat sich im Verlauf der Disputation des öfteren gezeigt, dafs er in kirchenhistorischer Beziehung dem gewandten Disputator doch weit überlegen war.[1])

Und nicht nur für die Disputation selbst, sondern für seine ganze spätere Entwicklung sollten diese Studien von Nutzen und Bedeutung werden. Düngersheim[2]) gegenüber, wie auch in den Resolutionen[3]) selbst hielt er noch an dem *primatus honoris* durchaus fest, aber dennoch safs der Stachel, den ihm diese Studien eingesenkt hatten, schon fest genug, immer mehr kam ihm der Gedanke, ob nicht doch der Papst der Antichrist sei: „Es war dies," wie Köstlin[4]) sagt, „nicht Doppelzüngigkeit bei Luther, sondern wir sehen bei ihm ein ihm selbst peinliches inneres Schwanken, indem er den Ahnungen und Einsichten, die sich ihm furchtbar aufdrängen, doch lieber so lang als möglich ausweichen möchte." So wurde mit durch diese Studien für die Leipziger Disputation der Grund gelegt zu der so tiefgehenden Scheidung vom Papsttum, welche in der Disputation selbst immer deutlicher zu Tage trat und bald hernach durch die Verbrennung der Bannbulle und eben jener Dekrete und Dekretalen in einen unheilbaren Rifs auseinanderklaffte.

2. Die Disputation.

Nach mancherlei Schwierigkeiten und langwierigen Verhandlungen, die sich besonders um die Zulassung Luthers zur Disputation drehten, konnte dieselbe endlich am 27. Juni

---

[1]) Dies hebt auch Löscher, Ref. Acta, Bd. III, 537 hervor. Melanchthon schrieb: „*In Martino vivax ingenium, eruditionem et facundiam admiror*" (*Corpus Ref.* Bd. I, 96).
[2]) Enders I, 367.
[3]) Weim. Ausg. Bd. II, 209.
[4]) Köstlin Bd. I, 253.

1519 beginnen und wurde mit grofsem Gepränge eröffnet.¹)
Zuerst disputierten Eck und Karlstadt vom 27. Juni bis zum
3. Juli über die Lehre vom freien Willen. Ihre Verhandlungen erregten sehr wenig Interesse. Grofs wurde aber
die Aufmerksamkeit, als am 4. Juli Luther gegen Eck auf
den Kampfplatz trat. Man begann sofort über Luthers
13. These von dem Primat des Papstes zu streiten.²) Fünf
Tage dauerte der Kampf.³)

Eck begann zunächst zu opponieren gegen Luthers
13. These, indem er aus der himmlischen Hierarchie mit
ihrem einen Oberhaupt Folgerungen zog für die irdische
Hierarchie der Kirche, so dafs diese auch ein einziges allgemeines Oberhaupt haben müsse; auf Grund einer künstlichen Auslegung von Joh. 5, 19 sprach er dieser irdischen
Hierarchie göttliche Einsetzung zu. Luther aber erkannte
dann als Haupt dieser irdischen Monarchie der *ecclesia
militans* nicht den Papst, sondern Christum an.⁴) Die von
Eck angeführten Sprüche der kirchlichen Autoritäten Diony-

---

¹) Über die Vorgänge auf der Disputation haben wir u. a. Berichte
von Melanchthon an Ökolampad (in *V. A.* 3, 479 ff. und im *Corp. Ref.*
Bd. I, 87 ff.), den Brief Luthers an Spalatin (Enders II, 103 ff.) und
von gegnerischer Seite das Schreiben von Eck an Hoogstraten (*V. A.*
3, 474), sowie seinen Schriftwechsel mit Melanchthon über die Disputation (*V. A.* 3, 487 ff.).

²) Über diesen Teil der Disputation äufsert sich Max Lenz
(Luthers Leben S. 80): „Gerade auf den Angelpunkt, die dogmatischpolitische Alleinherrschaft des Papstes, wandten sich in Angriff und
Abwehr die Gegner. Es war eine sonderbare Mischung historischer
und scholastisch-theologischer Beweisführung bei einer Frage, die als
eine geschichtliche doch nur durch die Geschichte gelöst werden kann."
Letzteres dürfte doch wohl eine zu einseitige Auffassung sein: in einer
„dogmatisch-politischen" Frage ist immer der Schriftbeweis das wichtigste, er wird durch den historischen Beweis nur unterstützt.

³) Nochmals ist hier darauf hinzuweisen, dafs im folgenden nur
Luthers historische Argumentationen bei der Disputation zur Darstellung kommen sollen. Desbalb ist der Schriftbeweis, auf den Luther
wesentlich Gewicht legte, durchgängig nicht berücksichtigt worden,
obwohl das Bild der Disputation dadurch in gewisser Weise verschoben
wird. Eine Schilderung der ganzen Disputation als solcher war nicht
beabsichtigt.

⁴) *V. A.* 3, 29.

sius Areopagita und Gregor von Nazianz verwarf er als nicht zutreffend. Bezüglich Cyprians wies er darauf hin, dafs gerade dieser immer den römischen Bischof als *carissimum fratrem* begrüfse.[1]) Er äufsere sich auch über die Bischofswahl, dafs sie vom Volke und den Nachbarbischöfen vorzunehmen sei. Des zum Beweise führte Luther noch Augustins *de baptismo* II, 2 an. Die ebenfalls aus Cyprian gezogene Behauptung Ecks, aus der römischen Kirche und aus dem Stuhl Petri sei die priesterliche Einheit hervorgegangen, erkannte Luther bezüglich der abendländischen Kirche an. Die Metropole der meisten Kirchen aber sei die zu Jerusalem, nicht die römische.

Ecks Anführung des Hieronymus für den Primat verwarf Luther und hielt ihm die berühmte Stelle aus dem Briefe des Kirchenvaters an Evagrius entgegen, wonach alle Bischöfe aller Städte gleich seien.[2]) Diese Stelle werde auch im *decr. Grat. dist. 93 c. legimus.* angeführt. Ebenso sei **gegen** den Primat das Dekret des afrikanischen Konzils in *decr. Grat. dist. 99 c. Primae*.

Bei der folgenden Gegenrede Ecks konnte dieser gegen Luther die Autorität des Bernhard von Clairvaux bezüglich der Auslegung von Joh. 5, 19 zu Gunsten des Primats anführen,[3]) also eine Autorität des 12. Jahrhunderts, aus der Zeit vor Gregor IX. Das konnte für Luthers Behauptung, der Primat sei erst seit 400 Jahren allgemein anerkannt, verhängnisvoll werden. Die übrigen Anführungen Luthers suchte er durch Deutungen zu widerlegen, und besonders nach jener Cyprianstelle wiederholt die Einheit des Priestertums auch für die griechische Kirche nachzuweisen.

---

[1]) *V. A.* 3, 30 f. Eck hatte Cyprians zweiten Brief an Kornelius citiert.

[2]) „*Ubicumque episcopus fuerit, sive Romae, sive Eugubii etc.*"

[3]) *De consideratione ad Eugenium l. 3*: „*Ego enim propter similitudinem dictum reor, quod sicut illic Seraphim et Cherubim, et ceteri, qui usque ad angelos et archangelos ordinantur, sub uno capite Deo, ita hic quoque sub uno pontifice primates vel patriarchae, archiepiscopi, episcopi, presbyteri vel abbates et reliqui in hunc modum .... Non est parvi pendendum, quod et Deum habeat autorem, et de coelo ducit originem.*"

Gegen jene Anführung des Bernhard für den Primat wußte auch Luther nichts zu erwidern als: Es sei in solchen Dingen der heiligen Schrift selbst mehr zu glauben, als der Auslegung des sonst von ihm hochverehrten Bernhard.[1]) Diese Erwiderung war ja richtig. Aber dennoch war damit nur die göttliche Autorität des Primats in Frage gestellt, nicht aber die Thatsache aus der Welt geschafft, daß ein unverdächtiger mittelalterlicher Zeuge für den Primat, sogar für den göttlichen Ursprung desselben aufgetreten war. Somit war Luther bezüglich seiner Meinung über die späte Anerkennung des römischen Primats zum Rückzug gezwungen.[2]) Er beschränkte sich jetzt wesentlich darauf, gegen die göttliche Autorität des Primats zu kämpfen durch den Nachweis, daß die Kontinuität desselben nicht vorhanden sei. Dieser Nachweis ist ihm auf Grund der geschichtlichen Zeugnisse, wie sich aus dem weiterhin Folgenden ergeben wird, auch vollständig gelungen.

Nachdem Luther jenen Ausspruch über Bernhard gethan, hob er seine von Eck angegriffenen Beweisstücke gegen das frühe Bestehen des Primats, namentlich Cyprians Briefe[3]) und das Nicänum,[4]) nochmals aufs schärfste hervor und wandte sich dann gegen Ecks Behauptung, die römische Kirche sei immer der Hort der Rechtgläubigkeit gewesen.[5])

---

[1]) *V. A.* 3, 39.
[2]) Cf. auch die schwache Zurückweisung *V. A.* 3, 59, ebenso *V. A.* 3, 73. „*De quadringentis annis supersedeo, postea dicturus.*" Es folgte aber nichts Bezügliches, da Luther doch wohl seine schwache Stelle gefühlt haben muß. Bezüglich dieses Falles schrieb Melanchthon an Ökolampad: Eck „*Bernardi autoritatem ad Eugenium ceu panopliam Achilleam iactabat, cum tamen et in eodem lib. ad Eugenium sint, quae non omnino nihil ad institutum Lutheri faciant. Ceterum Bernardo in hoc negotio quid debeatur, quis est tam stupidus, qui non intelligat*" (*V. A.* 3, 484). In der That prahlte Eck fortwährend Luther gegenüber mit diesem Fündlein; aber die Thatsache, daß Luther hier weichen mußte, bleibt trotz Melanchthons etwas dunkler Äußerung bestehen (cf. auch Köstlin Bd. I, 264; Kolde Bd. I, 236 und Ranke, Ref.-Gesch., Bd. I, 282).
[3]) *V. A.* 3, 39 f.
[4]) *V. A.* 3, 41.
[5]) Nach einer Hieronymusstelle in einem Brief an Damasus: „*Apud*

Die historischen Beweisstücke hiergegen waren geradezu vernichtend: *„Tradunt Historiae*[1]*) Liberium Romanum pontificem concessisse Arianis, et illud Hieronymus in viris illustribus scribit, quod Achatius Caesariensis episcopus, Eusebii Ariani discipulus autoritate Constantii imperatoris ordinavit Felicem in Romanum pontificem."* Diese Thatsachen mufste Eck zugeben, half sich aber mit der leeren Ausrede, niemals habe selbst ein irrender und schlechter römischer Bischof „*iudicialiter*" etwas gegen die Normen des christlichen Glaubens festgesetzt; „*quamvis facto ipso saepe erraverint, imo talia iudicia erronea facere attentarunt!*"[2])

Am nächsten Tage rügte Luther es, dafs Eck gewagt habe, die Griechen als Erzketzer zu bezeichnen, obgleich doch kein Teil der Kirche so ausgezeichnete Väter hervorgebracht habe, wie der Orient.[3])

Jetzt begann auch Eck seinerseits die Frage nach dem *ius divinum primatus* zu erörtern und suchte dasselbe durch einen Schwall von Beweisen zu stützen. Er führte dazu vor allem die Äufserungen von Kirchenvätern[4]) über Matth. 16 an: Augustin, Hieronymus, Ambrosius, Chrysostomus, Cyprian, doch sämtlich ohne Beweiskraft; ferner begann er eine Anzahl Stellen aus dem *corpus iuris canonici* zu citieren und höhnte dabei jedesmal über Luthers Behauptung von den 400 Jahren des Primats.[5])

Plötzlich kam er von da aus auf die zu Konstanz verdammten Irrtümer Wiclefs und Hus' zu sprechen[6]) und er-

---

vos solos incorrupte Patrum omnium servatur auctoritas" (*Hieron. epp. classis I, ep. 16, ad Damasum; Migne, patrol. lat.*, Bd. XXII, Sp. 355).

[1]) Die Belegstelle siehe weiter unten im III. Teil.

[2]) *V. A.* 3, 47 f. Die Infallibilitätslehre findet hier bereits einen sehr starken Ausdruck, wenigstens nach der negativen Seite hin.

[3]) Wie Eck jenen Spruch Bernhards immer wieder hervorzog, so war dies einer der Hauptangriffspunkte von seiten Luthers, der auf diese Beweisführung wiederholt und mit Nachdruck zurückkam.

[4]) Dagegen liefs Eck es an einem eigentlichen Schriftbeweis völlig fehlen, was Luther auch seinerseits gerügt hat.

[5]) *V. A.* 3, 55 f.

[6]) Zur Sache cf. auch Zeitschr. für Kirchengesch. 1886, Bd. VIII, S. 543 ff.

wähnte die Verurteilung der *pauperes de Lugduno* und des Marsilius von Padua, welche alle sich gegen die Lehre gerichtet hatten, *„esse de necessitate salutis, omnem humanam creaturam subesse Rom. Pontifici."* Höhnend entschuldigte er sich bei Luther, dafs er so feindlich gegen die ketzerischen Böhmen spräche;[1]) Luthers These scheine ihnen zuzuneigen, und man höre auch von böhmischen Beifallsbezeugungen für Luther. Dieser wies sofort Ecks Bosheit mit der energisch vorgebrachten Äufserung zurück, er werde nie den Böhmen zustimmen wegen ihres eigenmächtig verursachten Schisma. Er wolle nur dem steuern, dafs man so zahlreiche griechische Märtyrer und Heilige auf einmal zu Ketzern mache, wie es durch Ecks These geschehe. Zugleich bewies Luther, auf eine frühere Behauptung zurückkommend, dafs die römische Kirche faktisch nicht die erstgegründete sei, in ganz ähnlicher Weise, wie er es späterhin ausführlicher Emser gegenüber that. Das von Eck angeführte Dekret des Anakletus *„In novo testamento"*[2]) wies er als unecht ab, es gehöre zu jenen *„frigidissima decreta"*, die er bekämpfen wolle.[3]) Wiederholt kam er dann auf Cyprian zurück, der jeder Kirche ihr selbständiges Oberhaupt zuspreche, das nur von den nächsten Bischöfen und vom Volke zu wählen und sonst von jedermann unabhängig sei.[4]) Zwar seien auch Fälle vorgekommen, wie die schon erwähnte Einsetzung des Felix durch Achatius und die Absetzung des

---

[1]) *V. A.* 3, 56. Damit begann die gefährliche Wendung der Disputation, die nachher zu so weitgehenden Konsequenzen fortschritt. Man mufs Eck schuld geben, dafs er diese Wendung provoziert hat, und zwar lediglich aus Ehrgeiz; denn auf dem in Frage kommenden Gebiete war er gut zu Hause, während Luther sich verhältnismäfsig wenig damit beschäftigt hatte. (cf. Luthers Äufserung an Spalatin: Eck *„tandem confugit ad Concilium Constantiense"* [Enders II, 112].)

[2]) *Decr. Grat. Pars I, dist. 21 c. In novo testamento.*

[3]) Er schlofs dies aus der in dem betr. Kanon zu Tage tretenden Unwissenheit. In der That stammt das Dekret aus Pseudoisidor und ist nicht Original des Anaklet (cf. Friedberg: *Corpus iuris canonici*, Bd. I, Sp. 69, Anm. 80 und Sp. XXVI.

[4]) *V. A.* 3, 57 f.

Chrysostomus durch Epiphanius von Cypern; durch solche Thatsachen sei aber kein Recht der römischen Kirche begründet worden. Darauf widerlegte er Ecks zahlreiche Anführungen der Väter für den Primat *iure divino* und meinte, durch solche Citate sei immerhin doch noch kein Schriftbeweis geführt.

Am Nachmittag des 5. Juli that Luther, die Disputation wieder eröffnend, den denkwürdigen Ausspruch[1]: „Es sei gewifs, dafs manche Artikel des Hus und der Böhmen sehr christlich seien, wie z. B. derjenige (*„sive sit Vuickleff, sive Hus, non curo"*),[2] dafs es nicht notwendig zum Heile sei, die römische Kirche für die oberste zu halten. Er wisse, dafs viele griechische Väter selig seien, die dennoch diesen Artikel von der Superiorität der römischen Kirche nicht angenommen hätten. Man dürfe nur glauben, was die heilige Schrift lehre, und hier gehe auch die Ansicht eines Einzelnen über die Aufstellungen des Papstes, eines Konzils und der Kirche, wenn der Einzelne bessere Autoritäten beibringe. Zum Beweise dessen führt Luther den Ausspruch des grofsen Kanonisten Nikolaus von Tudesco an, der solches in der Glosse zu *decretales Greg. IX. Lib. 1. Tit. 6 de electione c. 4 Significasti* ausgesprochen habe.[3]

Ebensowenig falsch sei die Behauptung des Hus: „*Papalis dignitas a Caesare inolevit,*" sonst müsse man die Stelle aus Platinas *vita Benedicti II.* beseitigen, wo erzählt werde, „*Constantinum IV Imperatorem Graecorum sanxisse, Pontificem Rom. esse vicarium Christi Generalem, quamquam nec sic sit observatum a Graeciae episcopis.*"

So meinte Luther schliefslich: „*Quare, quantum me urget egregius D. Doctor per Bohemos nondum centum*

---

[1] *V. A.* 3, 61.

[2] Die These stammt von Wiclef, wie auch Eck (*V. A.* 3, 55) angab, und gehört zu den zu Kostnitz verdammten 45 Sätzen desselben (cf. *acta conc. Constant. Sessio VIII*, Art. 41; Hefele, Konzilien-Gesch., Bd. VII, 116 ff.).

[3] Cf. zur Sache Köstlin Bd. I, 265.

annorum, tantum ego urgeo eum per orientalem ecclesiam, meliorem partem universalis ecclesiae, et mille quadringentorum annorum. Si illi sunt haeretici, quia Rom. Pontificem non agnoverunt, haereticum accusabo adversarium, qui tot Sanctos per universalem ecclesiam celebratos audet asserere damnatos. Per eadem dico ad Bonifacium VIII, qui qualis Pontifex fuerit, et qua fide eius gesta recipienda, satis probant historiae.

Proinde concludo et rogo, D. Doctor velit Rom. Pontifices concedere fuisse homines,[1]*) et non constituere Deos, praesertim quoties iudicaverunt in causa propria: deinde non per se ipsos, sed per indoctissimos adulatores, quando divus Gregorius multis Epistolis, etsi Rom. Pontifex, reiecit a se primatum totius orbis,*[2]*) allegans ad hoc praedecessorem suum Pelagium, dicens inter cetera, quod veneranda Synodus Chalcedonensis obtulit hunc primatus honorem Ro. Pontifici, et nullus tamen ausus est acceptare. Si ergo ego erro, errat mecum Gregorius primus, cum suis praedecessoribus, et damnabiliter peccaverunt, quod oblatum primatum non assumpserunt."*

Darauf konnte Eck sich nicht enthalten, in seiner Gegenrede das schlimme Wort zu brauchen, Luther schütze „*fuco sanctitatis patrum haereticorum perfidiam*", wogegen Luther laut und feierlich protestierte.[3]) Nach längerer Replik zu Gunsten seiner von Luther verworfenen Beweissätze kam dann Eck auf seines Gegners letzte Ausführung betreffs der Behauptungen des Hus und sagte, es sei unerhört für jeden Christen, daſs Luther gegen das Konzil von Kostnitz gesprochen habe.[4]) Luther scheint über diese gefährliche Wendung erschrocken zu sein, denn er unterbrach Eck sofort mit den Worten: „Es ist nicht wahr, daſs ich gegen das

---

[1]) Dies geht gegen Ecks tolle Behauptung bezüglich der Richtigkeit päpstlicher Urteile.
[2]) Hier zum ersten Male die unten weitläufiger erörterte Verkennung Gregors des Groſsen.
[3]) V. A. 3, 64. Ebenda Luthers Protest.
[4]) V. A. 3, 68.

Kostnitzer Konzil gesprochen habe."¹) Darauf ging Eck weiter auf Luthers Beweis für die These Hus' aus Platina ein und kam endlich auf den von Luther mit besonderem Nachdruck als Gegner des Primats angeführten Gregor den Grofsen. Und hier können wir Eck nicht unrecht geben. Luther verkannte eben das Wesen Gregors vollständig, wenn er ihn nach seinen Briefen zu urteilen für einen Gegner des Primats hielt. Es gelang ihm auch im folgenden nicht ganz, die merkwürdigen Gegensätze in Gregor zu erkennen und aufzulösen.

Am 6. Juli morgens kam Luther wiederum auf seine Beweisführung aus der griechischen Kirche zurück, citierte den Kanon 6 des Nicänums nach *hist. eccl.* X sowie die übrigen früheren Ausführungen nochmals und meinte, dagegen habe Eck doch immer noch nichts Beweiskräftiges vorgebracht; das *ius divinum primatus* sei nicht bewiesen, oder alle Griechen müfsten für Ketzer gehalten werden. Besonders nachdrücklich wies er nochmals auf die mangelnde Beweiskraft des *decretum Gratiani* hin, da es überhaupt nicht approbiert sei.²)

Dann handelte er von den zu Kostnitz verdammten Artikeln des Hus und zählte eine Anzahl derselben auf. Es waren vier aus den in der 15. Sitzung verurteilten, und zwar sind sie den *acta concilii Constantiensis* entnommen, welche Luther sich mittlerweile seit dem ersten Angriff Ecks angesehen haben mufs. Die vier von Luther hervorgehobenen Artikel waren ohne Zweifel recht glücklich gewählt; denn gegen ihre Rechtgläubigkeit liefs sich wenig anführen.³)

---

¹) In der That hat aber Luther doch gegen das *Constantiense*, sogar sehr lebhaft, polemisiert, wenn er Artikel, die jenes verworfen hatte, für *christianissimi* erklärte. Dieser schwerwiegenden Konsequenz scheint er sich vorher also nicht bewufst gewesen zu sein. Er wurde aber durch Eck sogar noch weiter gedrängt.

²) *V. A.* 3, 74.

³) Luther citiert folgende vier:

1. „*Una est sancta universalis ecclesia, quae est praedestinatorum universitas*" (Art. 1).

Dennoch versuchte Eck, nachdem er in längerer Ausführung über die Dekrete Gratians, das Konzil zu Nicäa und Gregor den Grofsen Luthers Äufserungen zu entkräften unternommen hatte (was ihm bezüglich Gregor ohne Zweifel gelang), darzuthun, dafs die Artikel entschieden ketzerisch seien. Seine Gründe waren jedoch sehr schwächlich. Zugleich opponierte er der Meinung Luthers, dafs manche der Artikel trügerisch hinzugesetzt seien.

In seiner Erwiderung wies Luther vor allem darauf hin, dafs es nicht nur in der griechischen Kirche Ketzer gegeben habe, sondern auch in der römischen, wie die Pelagianer, Manichäer, Jovinianer, Vigilantianer, Helvidianer.[1])

Am Morgen des 7. Juli nahm Luther Gelegenheit, abermals darauf hinzuweisen, dafs die Thatsache der Absetzung eines Bischofs durch einen andern häufig vorgekommen, dafs aber dadurch kein Recht für den römischen Bischof geschaffen sei. Die Geschichte beweise sogar das Gegenteil: *„Scribitur,*[2]*) quod Rom. Pontifex Victor Martyr voluit Asiae episcopos excommunicare. At illi rursus tanquam superiores mandaverunt silentium, et ut ecclesiam non perturbaret iusserunt, lib. 5. Ecclesiasticae historiae. Sed et Ireneus Lugdunensis Galliae episcopus eundem Rom. Episcopum coercuit, ut erant tunc temporis in Graecia Epiphanius celeberrime laudatus a Hieronymo, Gregorius Nazanzenus, Basilius christianissimi viri, non tamen sub Rom. Pontifice*

---

2. „*Universalis sancta ecclesia tantum est una, sicut tantum unus est numerus omnium praedestinatorum*" (Art. 2).

3. „*Duae naturae, divinitas et humanitas sunt unus Christus*" (Art. 5).

4. „*Divisio immediata humanorum operum est, quod sunt virtuosa, vel vitiosa, quia si homo est vitiosus et agit quidquam, tunc agit vitiose, et si est virtuosus et agit quidquam, tunc agit virtuose*" (Art. 17). Aus den *acta conc. Const. sessio XV* fol. e₂ f. Nach Hefele gehören dieselben zu den dreifsig sog. Finalartikeln gegen Hus (Hefele, Konz.-Gesch., Bd. VII, 200 ff., wo dieselben jedoch nicht ganz nach Zahl und Inhalt mit Hieronymus de Croaria übereinstimmen). Man beachte auch Hefeles wunderbaren Versuch der Verketzerung dieser Artikel, besonders des fünften (bei Hefele vierten).

[1]) V. A. 3, 89.
[2]) Cf. die Quelle weiter unten.

unquam fuerunt, sed juxta Niceni concilii statuta ab episcopis provinciarum ordinabantur.

Quod vero egregius D. Doct. inducit Iulium 1. excommunicasse Arcadium imperatorem, nihil facit ad rem. Nam et Bonifacius VIII. ausus est et regem Francorum velle e sede eiicere. Non probatur ius esse, quidquid Rom. Pontifices pro humana fragilitate quandoque tentaverunt."

Vortrefflich habe Eck gesagt, dafs die sechste Synode dem römischen Bischof den Primat gegeben habe, nicht aber die vorhergehenden Konzilien. Das eben wolle er, Luther, beweisen, dafs der Primat durch Synodalstatuten und *iure humano* verliehen sei, nicht aber *iure divino*.[1]) Nochmals wies Luther auf Gregors Briefe hin.

Im weiteren Verlauf der Verhandlung erkannte noch Luther die Äufserung Ecks an,[2]) es sei eine alte Gewohnheit gewesen, in Glaubenssachen den römischen Bischof zu konsultieren. Aber auch das beweise nicht das *ius divinum primatus*. Aufserdem forderte er Eck auf, ihm darzuthun, dafs ein Konzil nicht irren könne,[3]) worauf Eck erwiderte: *„Reverende pater, si creditis, concilium legitime congregatum errare et errasse, estis mihi sicut ethnicus et publicanus."*[4])

Gegen den Schlufs der Debatte über die 13. These kamen von seiten Luthers neue historische Gesichtspunkte nicht mehr vor, er begnügte sich vielmehr mit dem Schriftbeweis. Am 8. Juli schlofs der Kampf um die 13. These ohne jedes positive Resultat, indem beide Gegner auf ihrem Standpunkte zu beharren erklärten, Luther[5]) gegen die göttliche Autorität des Primats, Eck[6]) für dieselbe.

Am gleichen Tage begann man über das Fegefeuer zu disputieren und setzte die Debatte bis zum 14. Juli über einzelne der Thesen fort; doch finden sich in diesen Erörterungen keine erwähnenswerten historischen Anführungen

---

[1]) V. A. 3, 93.
[2]) V. A. 3, 107.
[3]) V. A. 3, 106.
[4]) V. A. 3, 110.
[5]) V. A. 3, 123.
[6]) V. A. 3, 126.

mehr, weshalb wir sie hier nicht weiter berücksichtigen. Nachdem dann noch einmal Karlstadt gegen Eck aufgetreten war, schloſs am 15. Juli die Disputation, wie sie begonnen hatte, mit einem feierlichen Redeakte.

3. Folgerungen.

Überblicken wir den Gang der Disputation im ganzen, so sind in Bezug auf Luthers historische Studien drei Punkte von Wichtigkeit: Einmal ist festgestellt, daſs Luther seine Behauptung, der Primat sei erst seit den Zeiten Gregors IX. allgemein anerkannt, zu weit getrieben hatte und sie daher nicht aufrecht erhalten konnte. Der Grund lag, wie schon oben erwähnt, teilweise in einer nicht ausreichenden Kenntnis der Geschichte des Mittelalters. Wohl kannte er die Hauptthatsachen, wohl hatte er die Dekrete der Päpste studiert, aber die rechte vergleichende Kritik fehlte noch. Er war nach seinen bisherigen Erfahrungen allzusehr geneigt, zu glauben, daſs die historischen Schriftsteller, die ihm bekannt waren, Rechtsanschauungen ihres eigenen Zeitalters auf frühere Perioden übertragen hätten. Er kam zu dieser Ansicht dadurch, daſs er selbst vor dem Papsttum noch einen zu hohen Respekt hatte, als daſs er alle jene Erzählungen von Primatsansprüchen aus den früheren Zeiten der Kirche für wirklich geschehen hätte halten mögen. So wurde es in der Disputation für ihn ein beliebtes, wenn auch nicht immer stichhaltiges Kampfmittel, die früheren Dekrete der Päpste, die zum Teil schon in schroffster Weise den Primat vertreten, für Fälschungen zu erklären.

Erst später erkannte Luther, daſs das Papsttum seine Ansprüche wirksam geltend gemacht hatte bereits seit Bonifaz' III. Zeiten, den er seitdem für den ersten „Papst" hielt.

Zeigte sich Luther sonach in der Geschichte des Mittelalters noch nicht genügend zu Hause, so wird die Sache anders, wenn wir auf die alten Zeiten der Kirche, bis etwa zu Gregor d. Gr., hinblicken. Hier war er besonders auf historischem Gebiet seinem Gegner weit überlegen. Die Geschichte des Nicänums kannte er in- und auswendig, die Kanones der übrigen alten Konzilien, soweit sie seine Streitsache betrafen, waren ihm sehr geläufig. Seine Kenntnis der alten Väter, ihres Lebens wie ihrer Schriften, war vortrefflich. Auch die Geschichte der Anfangszeit der Kirche beherrschte er nicht nur auf Grund seiner Schriftstudien, sondern auch durch die Lektüre des Eusebius-Rufin vollständig, ebenso wie die Geschichte der römischen Bischöfe. Von Sekten und Ketzern weifs er wenigstens im allgemeinen Bescheid, wenn sich auch später auf Grund eingehender Studien seine Ansichten teilweise geändert haben.[1])

So war Luther für diese Periode der Kirchengeschichte wohl ausgerüstet mit den mannigfachsten Kenntnissen, die teilweise sehr ins einzelne gingen, und in seinen späteren Jahren hat sich dieser Stand seines Wissens nur wenig zu vermehren brauchen, höchstens noch durch weitere Specialstudien, denen wir hier und da begegnen werden. Seine gesamten Kenntnisse aus der alten Kirchengeschichte hat er dann noch einmal gründlich aufgefrischt, als er seine Schrift „von den Conciliis und Kirchen" begann, von der unten noch die Rede sein wird. Dafs sich seine historischen Anschauungen auch in Bezug auf diese Periode späterhin noch mehr geklärt und teilweise geändert haben, liegt in dem natürlichen Fortschritt der Dinge.

Der dritte Punkt, welcher uns in der Leipziger Disputation bezüglich Luthers historischer Kenntnisse interessiert, ist die Geschichte des Hus und des Konzils zu Kostnitz. Aus Luthers Äufserungen geht hervor, dafs er die Geschichte dieses Konzils gekannt hat, dafs er jedoch nicht eben sehr genau über sie unterrichtet gewesen ist; denn er spricht einmal eine Vermutung[2]) aus, deren Unrichtigkeit ihm Eck, der gerade auf diesem Gebiete sehr beschlagen war, sofort nachweisen konnte. Auch Luthers Kenntnis der Artikel, die Hus' Verurteilung herbeiführten, leidet an Unklarheiten, dagegen

---

[1]) Cf. z. B. Vigilantius.
[2]) Bezüglich der „*iniqui adulatores*", welche die Verdammung des Hus veranlafst hätten (*V. A.* 3, 61; cf. mit 81).

kannte er die Urteilsformel bezüglich dieser Artikel ganz genau, fast wörtlich.[1])

Wir besitzen im übrigen aus der der Disputation vorangehenden Zeit keinen einzigen positiven Anhalt dafür, wann Luther etwa eine Geschichte des Konzils gelesen hat. Er selbst sagt nur, in Erfurt habe er sie noch nicht gekannt.[2]) Wir müssen also annehmen, dafs er sich zuerst in seinen Wittenberger Jahren mit dieser Geschichte beschäftigt hat. Jedenfalls aber hat er sie nicht weiter eingehend für das Leipziger Gespräch studiert; denn Ecks Angriff kam ganz überraschend und bei Luthers gutem Gedächtnis und sorgfältigem Studium wären solche Jrrtümer und Unsicherheiten, wie wir sie hier finden, sonst nicht vorgekommen.[3]) Wahrscheinlich ist es, dafs Luther, als am Morgen des 5. Juli Eck seinen Vorstofs begann, sich in der mittäglichen Zwischenzeit kurz die Akten des Konzils angesehen hat.[4]) Genaueres läfst sich darüber jedoch leider in keiner Weise feststellen. Dagegen können wir mit Sicherheit behaupten, dafs Luther vor der Leipziger Disputation mit den Schriften Hus' selbst, aufser jenem einen Falle im Kloster zu Erfurt, noch nicht bekannt geworden ist. Erst nach Beendigung des Gespräches warf er sich auf ein eingehenderes Studium derselben. Doch das gehört schon in den folgenden Zeitabschnitt.

Was Luthers historische Anschauungen besonders bezüglich Papst und Konzil betrifft, so werden wir im Lauf der Disputation deutlich den zunehmenden Fortschritt gewahr. Zwar bezüglich des päpstlichen Primats finden wir noch immer jenes Schwanken. Er erkennt den *Primatus honoris* an, will nur das göttliche Recht desselben bekämpfen. Noch scheut er sich, selbst im Eifer des Gefechts Vorsicht bewahrend, jene heimlich gegen Spalatin geäufserte Ansicht

---

[1]) V. A. 3, 75.
[2]) E. A. 65, 81.
[3]) Auch hätte er sonst sicher in seinen Briefen irgendwie davon gesprochen. Dort findet sich jedoch keine Spur.
[4]) Dafs solche Zwischenstudien vorkamen, beweist sein Ausspruch bezüglich einer von Eck angeführten Cyprianstelle, er habe sie nachgesehen, aber nicht gefunden (V. A. 3, 58).

vom Antichrist öffentlich auszusprechen, obwohl ihn der Verlauf der Disputation nicht gerade in seiner Achtung vor dem Papsttum bestärken konnte. Andererseits kam er bezüglich der Konzilien durch den überraschenden Angriff Ecks zu weiteren Konsequenzen. Jetzt zum ersten Male wagte er öffentlich den schon privatim[1]) erörterten Satz des Nikolaus von Tudesco zu bekennen: „Die richtige Meinung des Einzelnen geht über die unrichtige eines Konzils. Denn ein Konzil kann auch irren."

Dadurch war der Bruch mit Rom wenigstens nach Ansicht der Gegner vollendet. Eck erklärte feierlich: wenn Luther das glaube, sei er für ihn ein Heide und Zöllner.

3. Abschnitt.
Die Zeit des reformatorischen Aufbaues bis 1535.

Nach der Leipziger Disputation galt es zunächst für Luther, die Mängel in seinen kirchenhistorischen Kenntnissen, die sich bei derselben gezeigt hatten,[2]) durch eifrige Arbeit auszugleichen. Es war hauptsächlich natürlich ein Studium der Schriften des Hus und der Geschichte des Kostnitzer Konzils nötig.[3]) Zu ersterem bekam er bald Gelegenheit dadurch, daſs ihm am 3. Oktober von dem Böhmen Wenzel Rosd'alowsky Hus' Schrift *de ecclesia* zugesandt wurde,[4]) welche schon 1520 auch in mehreren Drucken deut-

---

[1]) In der Schrift gegen Prierias *(Ad dialogum Sylvestri . . . responsio)* mehrfach.

[2]) Die Ausführung Benraths in „Schrr. d. Vereins f. Ref.-Gesch." IV, S. VI f. könnte leicht den Irrtum hervorrufen, als ob Luther überhaupt jetzt erst seine historischen Studien begonnen hätte. Daſs er aber schon früher sich mit der Geschichte beschäftigt hat, glaube ich genügend bewiesen zu haben. Nur einzelne Gebiete muſsten jetzt noch mehr kultiviert werden. In diesem Sinne ist Benraths Darstellung zu berichtigen.

[3]) Über die Quellen Luthers bezüglich Hus und des Kostnitzer Konzils cf. ausführlich weiter unten.

[4]) Enders II, 79.

schen Ursprungs erschien.¹) Vervollständigt wurden dann weiterhin in den nächsten Jahren die Kenntnisse Luthers durch die Braunfelsschen Ausgaben der Schriften des Hus. Das Studium aller dieser Bücher und Traktate brachte einen tiefen Eindruck von Hus' Lehre bei Luther hervor. Im Februar 1520 schrieb er an Spalatin:²) *„Ego imprudens hucusque omnia Johannis Hus et docui et tenui; docuit eadem imprudentia et Johannes Staupitz: breviter, sumus omnes Hussitae ignorantes, denique Paulus et Augustinus ad verbum sunt Hussitae . . ."*; das deutet auf eingehende Beschäftigung mit Hus in jener Zeit hin, und dafs Luther auch die Kostnitzer Konzilsakten damals mehrfach zu Rate gezogen hat, beweisen Citationen in den *„Resolutiones super Conclusionibus Lipsiae disputatio",*³) die er nach der Disputation herausgab, sowie auch in der Schrift „an den christlichen Adel", in der Polemik gegen Eck⁴) und Emser.⁵) Sämtliche Details anzuführen, würde jedoch zwecklos und weitläufig sein.

Eine weitere recht wichtige Bereicherung seiner historischen Kenntnisse und Anschauungen erfuhr Luther dadurch, dafs ihm im Februar 1520 die berühmte Schrift des italienischen Humanisten Laurentius Valla über die *donatio Constantini* in die Hände kam. Am 24. Februar 1520 schrieb er an Spalatin:⁶) *„Habeo in manibus, officio Dominici Schleupner Donationem Constantini a Laurentio Vallensi confutatam, per Huttenum editam. Deus bone, quantae seu*

---

¹) Die genaueren Titel cf. im Litteraturverzeichnis Nr. 49. 50.
²) Enders II, 345.
³) Z. B. V. A. 3, 238. 250.
⁴) Cf. E. A. 24, 22 ff.
⁵) Cf. E. A. 27, 227 f.
⁶) Enders II, 332; cf. dazu Enders II, 339 f., Anm. 11. Vallas Schrift war unter dem Titel: *„De donatione Constantini, quid veri habeat"* im Jahre 1518 bei Peter Schöffer in Mainz gedruckt. Über diese Ausgabe cf. Straufs, Ulrich von Hutten, Bd. I, 281—285.
Zu Luthers Urteil über die Schrift cf. auch noch V. A. 4, 189, zur Sache Köstlin Bd. I, 327 und Kolde Bd. I, 229. 246, ebenso Benrath, Schrr. d. Vereins f. Ref.-Gesch. IV, S. VI f., und Plitt, Einleitung in die Augustana, Bd. I, 180 f. Doch kann ich der Meinung des letzteren, die Huttensche Ausgabe sei wohl erst 1520 gedruckt, nicht beistimmen.

tenebrae, seu nequitiae Romanensium! et, quod in Dei judicio mireris, per tot saecula non modo durasse, sed etiam praevaluisse, ac inter Decretales relata esse tam impura, tam crassa, tam impudentia mendacia, inque fidei articulorum (ne quid monstrosissimi monstri desit) vicem successisse. Ego sic angor, ut prope non dubitem, Papam esse proprie Antichristum illum, quem vulgata opinione expectat mundus: adeo conveniunt omnia, quae vivit, facit, loquitur, statuit. Sed haec magis coram. Si non vidisti, curabo ut legas."

Hutten hatte die Schrift bereits im Jahre 1518 neu herausgegeben und sie in einer Vorrede dem Papst Leo X. gewidmet. In den angeführten Worten Luthers sehen wir klar, welche Bewegung diese „*declamatio*" bei ihm hervorrief.[1]) Wieder kann er sich nicht enthalten, den Gedanken auszusprechen, dafs der Papst der Antichrist sei, da er so schändliche Lügendichtungen zu glauben befohlen hätte. Siebzehn Jahre später gab dann Luther selbst jenen Kanon „*Constantinus imperator*" nochmals deutsch heraus und zeigte durch scharfe Glossen und in einem Nachwort seine Nichtigkeit dem deutschen Volke.[2])

So trug dieses Schriftchen des alten italischen Humanisten, den Luther sehr anerkannte, aufs entschiedenste dazu bei, ihn seinen Gegner recht erkennen zu lassen und die Eindrücke zu verstärken, die er schon hier und da bei seinen historischen Studien, bei seiner Lektüre des Hus, bei seiner Romfahrt erhalten hatte.

Die Verderbnis des kurialen Regiments trat ihm immer deutlicher vor Augen. Er sah aber auch, dafs nicht nur er selbst sich in lebhafter Opposition gegen dieselbe befand, sondern dafs diese auch bei einem guten Teil des deutschen Adels sehr rege war.[3]) So beschlofs Luther, wie er Anfang

---

[1]) Cf. dazu noch seinen Ausspruch aus demselben Jahre 1520 in V. A. 4, 189.

[2]) Im Jahre 1537.

[3]) In jenem Brief an Spalatin wird zum ersten Male Huttens Name von Luther genannt. Jetzt trat der Ritter selbst mit Luther in Verbindung. Wie weit diese Verbindung gegangen sei, besonders inwiefern Luther durch Huttensche Schriften beeinflufst worden sei,

Juni an Spalatin schrieb, *„publicam schedam edere ad Carolum et totius Germaniae nobilitatem, adversus Romanae curiae tyrannidem et nequitiam."* Diese Absicht wurde in der kurz nachher von Luther begonnenen berühmten Schrift „an den christlichen Adel deutscher Nation von des christlichen Standes Besserung" realisiert.[1]) In kurzer Frist hatte Luther dieses gewaltige Werk niedergeschrieben: denn schon vom 23. Juni ist die Zuschrift an Amsdorf, mit dem er sich vorher über seinen Plan ausgesprochen hatte, datiert. Im August war die Arbeit bereits gedruckt. Für unsern Zweck hat diese Schrift insofern Bedeutung, als man neuerdings begonnen hat, mit mehr oder minder grofsem Geschick ihre Quellen zu untersuchen, also nachzuweisen, welcher Bücher sich Luther bei ihrer Abfassung wohl bedient haben hönne. Man ging dabei mehrfach von dem Gedanken aus, dafs Luther, der „Wittenberger Mönch",[2]) unmöglich aus sich selbst heraus oder durch Inspiration solche grofsartigen Gedankengänge habe entwickeln können. Die einen,[3]) an ihrer Spitze Kampschulte, haben besonders durch Huttensche[4])

---

ist eine alte, vielfach erörterte Streitfrage, mit deren Lösung wir uns jedoch hier nicht weiter beschäftigen können, da sie nicht in eigentlichem Sinne zu einer Untersuchung über Luthers kirchenhistorische Kenntnisse gehört; denn die oftmals angezogenen Dialoge Huttens gehören für die Zeit Luthers doch noch nicht der Geschichte an, und von den Huttenschen Ausgaben der *donatio* Vallas und der Schrift Walrams von Naumburg *„de unitate ecclesiae conservanda"* wissen wir mit Sicherheit nur bezüglich der ersteren, dafs Luther sie gekannt hat.

[1]) E. A. 21, 274 ff.; Weim. Ausg., Bd. VI, 404 ff.
[2]) W. Köhler, Luthers Schrift an den christlichen Adel deutscher Nation, Halle 1895. Vorwort, V.
[3]) Der historische Gang der verschiedenen Untersuchungen über die Schrift an den Adel am ausführlichsten bei Köhler, S. 1—19. Hinzuzufügen ist noch Evers, Luthers Verhältnis zu den Humanisten, S. 68 ff. Evers steht auf gemäfsigtem Standpunkt und erkennt die Originalität der Lutherschen Ausführungen im wesentlichen an (cf. Evers S. 77 und 104).
[4]) Zumal Huttens Dialoge *„Vadiscus"* und *„Inspicientes"* sollen Material geliefert haben.

Einflüsse die Entstehung dieser Schrift im allgemeinen wie im einzelnen zu erklären versucht. Die andern, wie besonders Knaake, sind, offenbar mit größerem Recht, geneigt, eine ausgedehnte historische und politische Lektüre als Quellenstoff des Werkes anzusehen. Knaake[1]) hat in einer vortrefflichen Einleitung zu der Schrift „an den christlichen Adel" in der Weimarer Ausgabe die Aufstellungen des Führers der Gegner, Kampschultes, zurückgewiesen und auf eine Anzahl derjenigen Quellen hingedeutet, welche Luther für seine Arbeit zu Gebote gestanden haben. Er nennt den *„libellus de obitu Julii Pontificis Maximi"*, die *„epistola ex urbe"*, die „Beschwerden der deutschen Nation", die Schrift des Bischofs von Lüttich, Wimphelings Arbeiten, das *ius canonicum.*[2]) In welcher Weise Luther jedoch diese Quellen im einzelnen verwandt habe, darüber äußert sich Knaake nicht weiter. Eine diesbezügliche Nachprüfung hat dann Reindell unternommen;[3]) er giebt bei jedem einzelnen Punkte zahlreiche Gedankenparallelen als „Quellen" an, ohne jedoch nachzuweisen, ob Luther diese verschiedenen Materialien überhaupt gekannt hat. Endlich bietet Köhler[4]) in seiner ausführlichen, vielfach mit großer Sorgfalt gearbeiteten Schrift eine Untersuchung der „Quellen"[5]) von Luthers Schrift „an den christ-

---

[1]) Weim. Ausg. Bd. VI, 381—397.

[2]) Cf. die Litteraturangaben zu diesen Schriften, Weim. Ausg. Bd. VI, 396.

[3]) In seiner Schrift über „Luther, Crotus und Hutten", 1890, S. 69 —106.

[4]) Cf. Anm. 2 auf vor. Seite.

[5]) Er glaubt folgende hauptsächlichste schriftliche Quellen zusammenstellen zu können:

1. **Kirchengeschichte:** Sokrates, Sozomenos, Theodoret, Rufinus, Cassiodor, Platina, Sabellicus, Nauclerus, *legenda aurea.*

2. **Kirchenväter:** Cyprian, Pontius *legenda Cypriani*, Possidius *vita Augustini*, Gregorius Illuminator, Hieronymus.

3. **Kirchenrecht:** *Jus canonicum*, Nikolaus v. Tudesco, Bulle *in coena domini*, Laurentius Valla *de donatione Constantini declamatio.*

4. **Kirchenreformatorisches:** Dietrich von Nieheim, *acta conc. Constantiensis, acta conc. Basileensis,* Hus *de ecclesia, reformatio*

lichen Adel deutscher Nation", welche nicht nur die Anklänge älterer Arbeiten in Luthers Werk nachzuweisen, sondern vor allem auch festzustellen sucht, ob Luther die Quellen im einzelnen gekannt hat. Wenngleich mancherlei eingehende Untersuchungen den Fleifs des Verfassers darthun, so kann ich mich doch, selbst von der Tendenz der Köhlerschen Schrift ganz abgesehen,[1]) mit vielem in derselben nicht einverstanden erklären.[2]) Meines Erachtens leidet die Arbeit an dreierlei: einmal daran, dafs der Verfasser sich nicht allgemein genug in Luthers Werken selbst nach den hier und dort angeführten historischen Quellen umgesehen, sondern nur die nächstliegenden Schriften und Briefe berücksichtigt hat; manches wird dadurch in seiner Arbeit unrichtig, anderes erscheint in falschem Lichte. Der zweite Mangel, der ähn-

---

Sigismundi, acta concil. Lateran., Pasquillus Maranus, Vadiscus von Hutten, *Germania Aeneae Sylvii*, Reformbestimmungen Wilhelms von Sachsen, *decretales de reformatione ecclesiastici status.*

[1]) Dieselbe tritt zu Tage in dem Köhlerschen Satze, S. 325: „Unsere Untersuchung hat gezeigt, dafs die Schrift an den Adel in allen ihren Punkten nichts Neues brachte, es waren keine originellen Ideen, die Luther mit seiner Schrift unter die Menge warf, es waren Forderungen, die seit einem Jahrhundert, seit der grofsen Konzilszeit, z. T. seit noch längerer Zeit immer wieder erhoben worden waren und gerade damals besonders dringend erhoben wurden" . . . Dabei will jedoch Köhler die grofse Originalität der Form anerkennen und schreibt ihr wesentlich den Erfolg zu!!!

[2]) Indem ich im folgenden auf die hauptsächlichsten der Köhlerschen Irrtümer berichtigend hinweise, bemerke ich zuvor:

1. Meine Arbeit lag im wesentlichen vollendet vor, als die Köhlersche Schrift erschien, und meine Resultate haben durch dieselbe keine Veränderung erfahren.

2. Auf Köhlers 5. Teil, die Verfassungsgeschichte, gehe ich nicht weiter ein, da einmal die Resultate Köhlers hierin nur sehr unsicher sind, wie er selbst mehrfach bekennt, und da ferner die Erörterung dieser Quellen den Rahmen meiner Arbeit überschreiten würde.

Köhler hat sich nun in folgenden Punkten stark vergriffen:

1. Er nimmt an (S. 58, Anm. 3), dafs Luther die 70 Kanones des Nicänischen Konzils kenne, und beruft sich auf Luthers Wort: „*Sane et ego omnia legeram in Ecclesiastica et tripartita historia, deinde in canonibus*" (Enders I, 366). Meiner Ansicht nach bezieht sich das „*in canonibus*" nicht auf eine Sammlung von Konzilsakten, wie Köhler

liche Folgen hat, ist der, daſs Köhler bezüglich der Quellentexte selbst und ihrer Litterargeschichte sich zu sehr nur an moderne Ausgaben gehalten hat. Will man Luthers Quellen richtig kennen lernen, so sollte man sich in erster Linie bestreben, gleichzeitige Drucke der Quellen nachzulesen, in denen doch manches sehr viel anders aussieht, als in den modernen, gewiſs sehr verdienstvollen, aber für solchen Zweck

anzunehmen geneigt ist, sondern nur auf das *ius canonicum*, speciell das *decretum Gratiani*.

Eine solche Sammlung von Konzilsakten hat nämlich Luther bis zum Jahre 1538 überhaupt nicht gekannt (cf. unten Teil II, Kap. 2, Abschn. 2). Alle seine Anführungen dieser Akten stammen also aus dem *corpus iuris canonici* und der Kirchengeschichte. (NB. Von den neueren Konzilien, besonders denen zu Kostnitz und Basel gab es zahlreiche Einzeldrucke, die Luther jedenfalls nicht unbekannt gewesen sind.)

2. Kannte Luther im Jahre 1520 noch keine Konziliensammlung, so kannte er auch die Dekretalen Pseudoisidors noch nicht. Denn diese sind zum ersten und einzigen Male in jener Zeit 1524 in dem Konzilienwerk des Merlinus gedruckt worden. In der Luther bekannten Konziliengeschichte des Peter Krabbe vom Jahre 1538 findet sich zwar auch eine groſse Zahl der pseudoisidorischen Dekretalen, aber nicht die Sammlung als Ganzes. Ebenso sind in Gratians Decret zahlreiche pseudoisidorische Dekretalen aufgenommen. Aus ihm kann er somit schon 1520 solche gekannt haben und hat sie z. T. auch gekannt, wie die Akten der Leipziger Disputation zeigen. Jedoch die Dekretalensammlung Isidors als Ganzes dürfte ihm unbekannt geblieben sein.

3. Auf S. 58 meint Köhler, „man" (also doch wohl auch Luther) habe wahrscheinlich den griechischen Text der drei Kirchenhistoriker Sokrates, Sozomenos und Theodoret damals schon benutzt. Diese Annahme ist wenigstens bezüglich Luthers durchaus zu verwerfen. Denn abgesehen davon, daſs Luther damals (1519! Briefwechsel mit Düngersheim) wohl kaum schon so viel Griechisch konnte, um jene Kirchengeschichten frei benutzen zu können, erschien Theodoret zum ersten Male griechisch erst 1535 (bei Froben in Basel), Sokrates und Sozomenos sogar erst 1544 in Paris. Übrigens wird von Luther nur Theodoret an zwei Stellen genannt (1539, cf. unten S. 126), Sokrates und Sozomenos überhaupt niemals.

4. Ich sehe nicht ein, warum Rufin mit seinem „*ex sacerdotum sententia*" durchaus als Quelle abgewiesen werden soll, wie Köhler S. 59 f. will; vom Papste ist doch dort nirgends die Rede, und so viel Kritik müssen wir Luther wohl zutrauen, daſs er das „*ex sacerdotum*

nicht immer geeigneten kritischen Ausgaben. Über den
dritten Fehler, der in Köhlers Anschauung von Luthers
Quellenbenutzung und Arbeitsmethode im allgemeinen liegt,
wird weiter unten noch die Rede sein.

Im ganzen wie im einzelnen betrachtet, ist meiner Ansicht nach die Schrift Luthers „an den christlichen Adel" nur
ein weiteres Zeugnis dafür, dafs Luther sich bis 1520 bereits
eifrig mit kirchenhistorischen Studien beschäftigt hat; wir

---

sententia" auf eine Besprechung des Konstantin mit seinen kirchlichen
Räten, wie Hosius von Cordoba, beziehen konnte.

5. Von geringerer sachlicher Wichtigkeit, aber sehr merkwürdig
ist es, dafs Köhler, Benrath ohne Nachprüfung ausschreibend, den Weim.
Ausg. Bd. VI, 411; E. A. 21, 286 erwähnten „St. Gregorius" für Gregor
den Erleuchter hält. Gemeint ist an jener Stelle natürlich kein anderer
als Gregor der Grofse, bei dem die bewufste Stelle („St. Gregorius
schreibt, dafs wir wohl alle gleich seien, aber die Schuld macht einen
unterthan dem andern") sogar zweimal vorkommt: in seiner *Regula
pastoralis* II, 6 (alias 17) heifst es nämlich: „*Sicut in libris Moralibus
dixisse me memini, liquet quod omnes homines natura aequales genuit,
sed variante meritorum ordine alios aliis culpa postponit*" (Migne, Patrol.
lat., Bd. LXXVII, Sp. 34) und die hier erwähnte Stelle in den *Moralia* lautet
wörtlich ebenso, nur statt „*culpa*" „*dispensatio occulta*" setzend (*Moralia*
XXI, 15; Migne a. a. O., Bd. LXXVI, Sp. 203). Woher sollte denn Luther
den armenischen Gregor so genau kennen, zumal dessen Homilien erst
im Jahre 1737 zu Konstantinopel armenisch erschienen sind (cf.
Nirschl, Patrologie, Bd. III, 219 ff.)? Dafs Benrath diesen Mifsgriff thun
konnte, ist mir unbegreiflich, dafs aber Köhler ihn abschreiben und
sogar noch Gregors Homilien als Quelle (jedoch ohne genauen Stand-
ort!) angeben konnte, hätte einem so kritischen Verfasser nicht pas-
sieren dürfen.

Endlich kann ich nicht umhin, meine Verwunderung darüber auszusprechen, dafs Köhler es so sehr merkwürdig findet, wenn Luther
trotz seiner scharfen Verurteilung der päpstlichen Dekretalen dennoch
denselben Notizen entnimmt. Kann man denn nicht eine Sache im
Ganzen verurteilen und doch einzelnes Brauchbare darin finden? Wie
oft hat Luther noch später, selbst nachdem er die Dekrete verbrannt
hatte, seine Kenntnisse aus ihnen geschöpft und Bemerkungen dazu
gemacht! Ich verweise nur auf seine Vorrede zum Brief des Hieronymus
an Evagrius (*V. A.* 7, 541).

Die vorstehend gerügten Mifsgriffe hätten bei richtiger Berücksichtigung der gesamten Schriften Luthers, wie der damals existieren-
den Quellenausgaben sicherlich vermieden werden können.

können auch überall in dieser Schrift deutlich den Eindruck der Bücher bemerken, die Luther bei seinen Arbeiten schon so vielfältig benutzt hatte.[1]) Aber dieses Meisterwerk aus Luthers Feder, das in kaum vier Wochen neben reichlicher anderweitiger Arbeit niedergeschrieben wurde, fast Wort für Wort auf seine „Quellen" zu prüfen, wie das neuerdings zweimal der Fall war, das erscheint mir nicht nur als ein pietät- sondern auch zweckloses Beginnen, das auf völlig unrichtigen Voraussetzungen beruht. Das Resultat dieser modernhyperkritischen Studien ist aber auch dementsprechend. Nach Köhler[2]) ist in der ganzen Lutherschen Schrift kein einziger Gedanke originell!!

Nach der Schrift „an den christlichen Adel" beginnt nun zugleich mit dem energischen Vordringen und dem sorgsamen Aufbau der Reformation eine Zeit des Stillstandes in Bezug auf Luthers historische Studien; dieser „Stillstand" ist jedoch so zu verstehen, daſs wir in den nächsten Jahren bis etwa 1535 nur verhältnismäſsig wenige historische Werke in Luthers Gesichtskreis treten sehen, sowie, daſs er selbst sich nicht in bestimmt abgegrenzten Bahnen historischer Untersuchungen bewegt, wie man das in den letzten zehn Jahren seines Wirkens bemerken kann. Seine eigentliche wissenschaftliche Arbeit geht in jenen Jahren von 1520—1535 wesentlich auf die sichere Fundamentierung[3]) seines Werkes aus, die Polemik mit den zahlreichen Gegnern ruht fast nie,[4]) und daneben gilt es dann noch die Verwaltung seines Lehramtes und die Durchführung der 1521 begonnenen Bibelübersetzung — Aufgaben genug, welche eine eindringliche, anhaltende Beschäftigung mit der Geschichte kaum zulieſsen.

---

[1]) So verstanden ist entschieden besonders der dritte Teil der Arbeit Köhlers brauchbar als detaillierter Nachweis der zu berücksichtigenden Quellen, doch nur unter Einschaltung der oben angemerkten Korrekturen. Ich sehe deshalb davon ab, hier nochmals ein genaues Verzeichnis der in Frage kommenden Bücher zu geben.

[2]) W. Köhler a. a. O., S. 325 f.

[3]) Cf. Katechismen, Visitationsordnungen, Taufbüchlein, Deutsche Messe etc.

[4]) Streitschriften gegen Rom, Heinrich VIII., Sakramentierer etc.

Dennoch aber ruhten diese Studien nicht vollständig; wir ersehen vielmehr aus den mancherlei wichtigen historischen Citaten in Luthers damaligen Schriften, daſs er bei Gelegenheit fortgesetzt seine historischen Kenntnisse zu bereichern und zu vertiefen bestrebt war. So konnte er am 3. Februar 1521 an Spalatin berichten,[1]) er habe das Büchlein eines Böhmen über Petri römischen Aufenthalt studiert, und kurze Zeit nachher gab er in seiner Polemik gegen Emser eine von sorgfältiger Durcharbeitung des Materials zeugende Erörterung über dasselbe Thema, in welcher er zu dem Resultate kam, daſs zwar sicherlich der fünfundzwanzigjährige Aufenthalt des Petrus in Rom eine Fabel, daſs aber trotz mangelnder Schriftzeugnisse eine gänzliche Verwerfung von Petrus' römischer Wirksamkeit nicht wohl angängig sei.[2]) Wir dürfen annehmen, daſs er für diese Darstellung nicht nur die ältere Litteratur, Platina, die *legenda aurea* und die Kirchengeschichten studiert hat, sondern auch Ecks Schrift „*de primatu Papae*", die 1520 zu Ingolstadt erschien.[3])

Im Jahre 1522 schrieb Luther eine Vorrede zu einer Anzahl von Briefen Johann Wessels, die im selben Jahre herauskamen; er bemerkt darin, er habe Wessel früher noch nicht gelesen, freue sich aber, seine eigenen Ansichten durch jenen bestätigt zu finden.[4])

Aus den erwähnten geschichtlichen Notizen in Luthers Schriften ersehen wir im übrigen noch, daſs er besonders in Eusebius-Rufins und Cassiodors Kirchengeschichten und in den gröſseren Weltchroniken weiter gearbeitet hat. Da finden wir aus ersteren zahlreiche Bemerkungen über den arianischen Streit,[5]) über andere Ketzer und Sekten,[6]) über die Christen-

---

[1]) Cf. Genaueres hierüber unten und Enders III, 81 ff. In demselben Brief cf. die interessante Notiz über das Florentiner Konzil und Enders Anmerkung dazu (Enders III, 81 und 82, Anm.).

[2]) Cf. diese Erörterung unten im dritten Teil und E. A. 27, 286 ff.

[3]) Cf. dazu die Stelle: „*Eccianam simulationem, quae latius pandam, ubi ampulla tua, quam parturis, prodierit*" (Weim. Ausg., Bd. II, 707; V. A. 4, 57). Die Schrift selbst stand mir leider nicht zu Gebote.

[4]) V. A. 7, 495 f.; cf. das Litteraturverzeichnis.

[5]) Z. B. E. A. 41, 205 f.; 23, 9; 39, 251; 31, 51 f.; 48, 243; V. A. 7, 173.

[6]) E. A. 23, 324. 259 ff.; 31, 170; 35, 93; 28, 225 f. 264.

verfolgungen zur Zeit der Heiden[1]) und auch Julians.[2]) Der Brief des Plinius an Trajan wird erwähnt,[3]) die Tierspiele werden geschildert. Auch Begebenheiten aus dem Leben der grofsen Kirchenväter teilt Luther häufig mit, wofür die Schriften derselben ihm das beste Material boten: Augustin, Hieronymus, Athanasius, ihre Kämpfe mit den Ketzern,[4]) ihr persönliches Leben,[5]) ihre Schriften[6]) werden besprochen. Mönchtum und Cölibat fehlen gleichfalls nicht. Als willkommenes Material für die Bekämpfung des letzteren war schon um 1521 der Brief des angeblichen Ulrich von Augsburg[7]) an den Papst Nikolaus in die Hände Luthers gefallen. Er benutzt ihn mehrfach, um die schlimmen Folgen des Cölibats zu illustrieren. Die grofsen Stifter des Mönchtums[8]) werden nach den Lebensbeschreibungen des Hieronymus und den *vitae patrum* erwähnt. Die Geschichte des Papsttums[9]) mufste Luther natürlich besonders interessieren. Die erwähnten Weltchroniken des Antoninus, Sabellicus, Nauclerus, auch Blondus und Platina lieferten für dieselbe den Stoff. Ebenso werden die Dekretalen hier und da benutzt. Im Jahre 1524 sah sich Luther genötigt, seinen Unwillen über die Kanonisation des alten Bischofs Benno von Meifsen auszusprechen.[10])

---

[1]) E. A. 48, 62; 31, 95. 117; 23, 157; 51, 199.
[2]) E. A. 22, 76; 39, 347.
[3]) E. A. 51, 410.
[4]) E. A. 48, 107; 28, 220 f.; 27, 294.
[5]) E. A. 43, 50; 34, 87; 31, 365; 28, 58; 22, 320; 34, 285.
[6]) So bevorwortet Luther selbst die 1532 von Bugenhagen herausgegebenen „*libri contra idololatriam gentium et de fide sanctae trinitatis*" des Athanasius (*V. A.* 7, 524 f.). Ebenso erhielt er 1529 ein Buch über Sitten und Religion der Türken, das 1530 mit seiner Vorrede erschien (*V. A.* 7, 514 ff.; Kolde Bd. II, 319; Köstlin Bd. II, 194).
[7]) E. A. 27, 294. Der Brief wird noch mehrfach erwähnt (*V. A.* 6, 300; 4, 143).
[8]) E. A. 47, 326; 39, 215.
[9]) E. A. 30, 297; 41, 305 f.; 31, 157; 29, 302; *V. A.* 6, 195.
[10]) E A. 24, 241 f; Enders IV, 317 und Köstlin Bd. I, 679. Die Emsersche *vita Bennonis* erschien bereits 1512. Eine deutsche Übersetzung teilt Panzer (Annalen, Bd. I, 403, Nr. 874) mit: Leipzig bei Melchior Lotther 1517. Ich habe leider keine Ausgabe der *vita* auftreiben können.

Die historischen Notizen in seiner Schrift: „wider den neuen Abgott und alten Teufel" . . . weisen darauf hin, dafs er die sehr fabelhafte *vita Bennonis* gelesen hatte, die Emsers Feder entstammte.

Vor allem finden wir jetzt das Konzil von Kostnitz und die Verdammung des Hus häufiger citiert,¹) eine Folge der Studien nach der Leipziger Disputation. Agricola gab 1529 den berühmten Bericht des Petrus von Mladenowic über Hus' Prozefs heraus.²) Wir werden annehmen dürfen, dafs Luther ihn schon bald hernach in die Hände bekam. Die Braunfelsschen Ausgaben des Hus sind oben bereits erwähnt worden. Gegen Ende dieser Periode findet sich die bemerkenswerte Notiz:³) „Ich bin neulich gefallen ohngefährde in die Geschichte des Concilii zu Konstanz (denn ich zuvor aus andern Büchern habe, was ich gewufst hab' und den Haupttrumm oder Grundsuppe nicht also gesehen)." Es ist mir leider nicht gelungen festzustellen, was für eine „Geschichte des Konzils zu Konstanz" damit gemeint ist. Wir können auf verschiedene raten: Vielleicht Agricolas Mladenowic-Berichte von 1529 — das ist nicht anzunehmen; bei dem Verkehr zwischen Eisleben und Wittenberg und Luthers grofsem Interesse für die Sache, das Agricola sicher bekannt war, mufste dessen Buch längst in Luthers Händen sein — oder Ulrich von Richentals Konzilchronik — aber dieser berichtet weniger die Versammlungen, als Äufserliches —, auch Theodorich de Vrie's *historia concilii Constantiensis* könnte gemeint sein, die schon 1484 einmal gedruckt erschien, oder Dietrich von Nieheims Berichte, die 1532 herauskamen, aber nur einzelne Seiten der Verhandlungen berühren.⁴) Ebenso liefs sich nicht feststellen, was Luther mit dem in der „Vermahnung

---

¹) E. A. 31, 407; 27, 227 f.; 21, 136; 23, 159 (hier die falsche Jahreszahl 1416, Hus' Tod, statt 1415); 25, 88 (Weissagung des Hus auf Luther); 31, 396 f.; 27, 349; V. A. 4, 191 (hier wird der Brief des Poggio als Geschichtsquelle citiert).

²) Cf. unten „Hus".

³) E. A. 31, 392 (vom Jahre 1535, Sprüche wider das Konzilium Obstantiense).

⁴) Geschichte des Schisma und der Schicksale Johannes' XXIII.

an die Geistlichen .... zu Augsburg" 1530 erwähnten „Chronicon Germaniae" gemeint hat.[1])

Auch die Bibelübersetzung, welche in jenen Jahren den Kreis der Reformatoren beschäftigte, macht sich auf unserm Gebiete bemerklich. Wir finden einmal eine ausführliche, wohl dem Hieronymus entnommene Schilderung der alten vorhieronymianischen Bibelübersetzungen.[2])

Wir sehen, dafs das historische Material, welches sich in dem vorliegenden Zeitabschnitt aus Luthers Schriften zusammenstellen läfst, trotz der Geringfügigkeit der neu hinzugekommenen Quellen, von grofser Reichhaltigkeit ist — der beste Beweis, dafs Luther die ihm lieb gewordenen „Historien" nicht hat liegen lassen, sondern in ihnen weiter gearbeitet hat, um seine Schriften und Predigten damit zu illustrieren und seine polemischen Beweisführungen zu verstärken.

Was nun Luthers historische Anschauungen in dieser Zeit angeht, so kann man auch hier den Fortschritt deutlich bemerken. Bezüglich des Papsttums sind Luther die Zweifel, welche er früher hegte, vollständig geschwunden: der Papst gilt ihm jetzt als der wahre Antichrist. Eine Konsequenz dieser Anschauung ist es, dafs er die ganze Papstgeschichte mit immer schärferer Kritik betrachtet. Er ist in den Dekretalen, welche die päpstliche Anmafsung gegen die Kaiser kund geben, allmählich sehr bewandert geworden und verurteilt sie aufs schärfste. Dabei erkennt er aber doch ausdrücklich an, wenn irgendwie ein Papst nach seiner Ansicht recht gehandelt hat: „Wollt Gott, alle Päpste hätten so christlich in allen Stücken gehandelt."[3]) Luthers Auffassung vom Papst als dem Antichrist pafste vortrefflich zu der damals allgemein acceptierten Geschichtsdarstellung des Daniel von den vier Weltreichen. Wir finden diese deshalb auch lebhaft vertreten in Luthers Auslegung des Propheten Daniel vom

---

[1]) E. A. 24, 361: „(Vor Zeiten haben sich die Thumherrn hierin hart wider den Papst gesetzt, sonderlich die zu Mänz, dafs sie zu Erfort schier ihren Bischof hätten erschlagen. *Vide Chron. Germaniae*)."

[2]) E. A. 37, 2.

[3]) E. A. 31, 157; 30, 297.

Jahre 1530.¹) Er war hier, wie wir bemerken, noch ganz in der Meinung befangen, dafs das römische Reich auf die Deutschen übergegangen sei, also jetzt noch bestände, ein Gedanke, der freilich für die damalige noch etwas kindliche Geschichtsbetrachtung grofse Wahrscheinlichkeit hatte, der aber doch nur einen formellen Grund in dem Titel des „römischen Kaisers deutscher Nation" besafs. Heutzutage dürfte diese Geschichtsauffassung wohl kaum noch wissenschaftliche Anhänger haben.

In seiner Anschauung der Legenden und in ihrer Anwendung blieb Luther ebenfalls auf dem Wege, den er schon in jener Bartholomäuspredigt eingeschlagen hatte: er benutzt sie nur mit scharfer Kritik in historischen Beweisen oder als „Märlein" zur Illustration seiner Predigten etc. So finden wir hier immer öfter den Ausdruck: „Ein Poëm, von einem Geistreichen erdacht," „halt' nicht, dafs es Wahrheit sei" u. a.²)

Sehr scharf oppositionell wurde, wie erklärlich, Luthers Ansicht über Cölibat und Mönchtum. Hieronymus mit seiner übertriebenen Askese gefiel ihm immer weniger, und vielfach werden die Folgen solcher Übertreibung in geschichtlichen Beispielen erwähnt.³) Dagegen war Luther ein grofser Freund des rüstigen alten Reitersmannes und Bischofs Martin von Tours. Seine Lebensbeschreibung von Sulpicius Severus war ein erfreuliches Buch für den Reformator, und seine Arbeit wurde als Muster bischöflichen Wirkens in den Predigten und Gesprächen gern citiert.

Von seinen sonstigen historischen Anschauungen wäre nur noch etwa die über das Kostnitzer Konzil zu erwähnen. Die Lektüre der verschiedenen Schriften über dasselbe, wie auch die Werke des Hus machten es Luther zu immer gröfserer Gewifsheit, dafs Hus unrechtmäfsig verbrannt worden sei. Seine Ausdrücke, wenn er von diesem „Justiz-

---

[1]) E. A. 41, 232—323 cf. auch Köstlin Bd. II, 161 f.
[2]) Cf. E. A. 62, 106; 44, 226. E. A.² 1, 91 f.
[3]) Cf. E. A. 44, 153; 46, 342. 377; 51, 356; 52, 41. E. A.² 6, 252. E. O. 12, 173; 28, 186.

morde" spricht, werden immer schärfer.¹) Bemerkenswert ist es, daſs er als treuer Unterthan des Kaisers die Schuld an Sigismunds Eidbruch wesentlich den Pfaffen und ihrer Macht zuschiebt.²) Zugleich erkennt er aber auch die in der Geschichte waltende Gerechtigkeit Gottes darin, daſs Sigismunds Glück seit jenem Eidbruch vorbei war: Auf dem Konzil war er ein Popanz der Geistlichen, seine Gemahlin war unsittlich, sein Sohn Ladislaus starb, er selbst verlor Böhmen.³) In alledem erkennt Luther eine Strafe Gottes; denn er wuſste wohl, daſs der Kaiser, wenn er sein Wort gehalten hätte, den Hus hätte retten können.

So sehen wir Luthers historische Betrachtungsweise, seine Kritik und Kenntnisse sich auch in diesen schweren Jahren des Kampfes immer mehr und mehr ausbilden und schärfen. Dennoch kommt es in dieser Zeit nicht zu einem ruhigen, fortgesetzten Arbeiten in der Historie. Sie diente nur als Mittel der Polemik oder zur Illustration. Die Beschäftigung mit der Geschichte um ihrer selbst willen, freilich auch nie ohne praktischen Zweck, bleibt der nächsten, der letzten Periode Luthers vorbehalten.

4. Abschnitt.
Die letzten zehn Jahre.
1. Luthers zunehmende historische Studien.

Bereits seit dem Jahre 1532⁴) war für den Reformator eine ruhigere Zeit gekommen, so daſs er sich nach den Stürmen der Jahre des reformatorischen Aufbaues jetzt der friedlichen Arbeit seiner vielfachen Studien mehr hingeben konnte.⁵) Speciell seine Beschäftigung mit der Geschichte

---

¹) Cf. schon E. A. 24, 24.
²) E. A. 21, 339.
³) E. A. 62, 118; Enders III, 25.
⁴) Für die in Rede stehende Zeit kommen das 7. und 8. Buch bei Köstlin (Bd. II, 274 ff.) in Betracht.
⁵) Seine sonstigen Arbeiten siehe bei Köstlin Bd. II, 296. 309 und cf. das Köstlin'sche Schriftenverzeichnis Bd. II, 730 ff.

wurde jedoch erst seit etwa dem Jahre 1535 wieder eine eingehendere, so daſs wir mit diesem Zeitpunkte sogar in die Periode seiner eifrigsten und erfolgreichsten historischen Studien eintreten: Von 1535—1545 zählen wir nicht weniger als dreizehn Schriften,[1]) in denen die geschichtlichen Bestrebungen dieser Jahre niedergelegt sind, beziehungsweise die, von andern verfaſst, durch Luthersche Vorreden das historische Interesse des Reformators dokumentieren.

Im Jahre 1535 hielt sich der englische Theologe Robert Barns, der schon früher in Wittenberg studiert und in Luthers Hause eifrig verkehrt hatte, als Mitglied der Gesandtschaft Heinrichs VIII. wiederum längere Zeit in der Stadt auf, nachdem er reichlich ein Jahr lang als Hofkaplan die Gunst des englischen Königs genossen hatte.[2]) Er brachte, als er am Anfang September nach Wittenberg kam, ein von ihm in England[3]) verfaſstes Manuskript mit, welches die

---

[1]) Es sind folgende (cf. auch die Notiz bei Matthesius, *vit. Luth.* *fol.* 125 b f.):
   I. Eigene Schriften Luthers:
     1. Der Artikel von der *donatio Constantini* 1537.
     2. Lugende von Chrysostomus 1537.
     3. Von den Conciliis und Kirchen 1539.
     4. *Supputatio annorum mundi* 1541.
     5. Wider das Papsttum zu Rom etc. 1545.
     6. Papsttreu Hadriani 1545.
   II. Vorreden zu historischen Schriften anderer:
     1. Barns, *vitae pontificum* 1536.
     2—4. Hus' Briefe 1536-37.
     5. Kymeus, Konzil von Gangra 1537.
     6. Hieronymus, *ep. ad Evagrium* 1538.
     7. Gal. Kapella, Geschichte von Mailand 1538.

[2]) Über R. Barns berichtet am ausführlichsten Bayle, Hist. und krit. Wörterbuch, Bd. I, 464 ff. Auſserdem cf. die verschiedenen Stellen bei Köstlin, sowie *PRE.*[2] Bd. II, 105 und Frick, Deutscher Seckendorf, Sp. 1460 f., über seinen Tod ebenda Sp. 1906 ff.

[3]) Wir müssen annehmen, daſs Barns seine *vitae* in England verfaſst habe, da die Chronologie unwiderlegliche Gründe hierfür beibringt; denn am 6. September ungefähr kam Barns, nachdem er Anfang März bereits einmal in Wittenberg gewesen war (cf. *C. R.* Bd. II, 861. 865), zum zweitenmal dahin (cf. *C. R.* Bd. II, 939), und vom 10. September 1535 ist seine *epistola dedicatoria* datiert. Daſs er aber diese vor Ab-

Geschichte der Päpste von Petrus bis zu Alexander III. behandelte, und schrieb nun am 10. September in Wittenberg eine Dedikationsepistel dieses Buches an Heinrich VIII.; das ganze Werk wurde dann im Jahre 1536 zu Wittenberg durch Joseph Klug gedruckt.[1]) Das Buch hatte nach der Vorrede des Barns die Absicht, die Päpste so zu schildern, wie sie in Wirklichkeit wären, nicht wie sie von den schönfärbenden welschen Historikern des letzten Jahrhunderts dargestellt würden. So löblich diese Absicht war, so mäfsig war die Ausführung. Einmal nämlich schrieb der Verfasser nur eine ziemlich grofse Anzahl von älteren Quellen[2]) wörtlich aus und stellte sie zusammen, nicht ohne bei jedem Abschnitt den Ursprung anzugeben. Wegen dieser ziemlich ärmlichen Art des Bücherschreibens entschuldigte er sich übrigens in der erwähnten Vorrede mit Mangel an Zeit und Hilfsmitteln. Sodann aber leidet auch die Darstellung an einem bedenklichen Mangel von Objektivität und an unkritischer Unsicherheit. Barns hatte nämlich die Absicht, die Päpste als Personifikationen des Antichrist zu schildern und trug deshalb

---

fassung seines Buches niedergeschrieben habe, ist nach ihrem ganzen Tenor auszuschliefsen. Somit ist die Meinung von Sagittarius (*Introductio in historiam ecclesiasticam*, Bd. I, 661) abzuweisen: „*D. Barns . . . . . Vitebergae egit: ubi etiam Vitae Romanorum pontificum collectae ac cum praefatione Lutheri anno MDXXXVI sunt editae.*" Wäre Sagittarius' Ansicht, der ich auch eine Zeitlang beipflichtete, die richtige, so könnte man aus Barns' sorgfältiger Quellenangabe wichtige Schlüsse bezüglich der damals in Wittenberg gangbaren historischen Litteratur ziehen.

[1]) Titel und Beschreibung dieses Druckes cf. im Litteraturverzeichnis Nr. 4.

[2]) Seine Quellen giebt Barns auch auf der Titelrückseite an. Es sind folgende: „*Sabellicus; Ecclesiastica historia; Eusebius; Platina; Nauclerus; Volaterranus; Abbas Urspergensis; Isidorus in libro conciliorum; Pius secundus; Didymus Faventinus; Chronica Martini; Albertus Crantz; Johannes Stella; Chronica Chronicarum; Catalogus sanctorum; Benno Cardinalis; Germanica historia; Fasciculus temporum; Summa Antonini; Chronica Carionis; Philippus Eremitanus; Jacobus de Columna; Chilbertus; Lambertus Schanaburgensis de gestis Germanorum Monachus Hirsueldensis; Anglica Historia; Cucentinus.*" Die Mehrzahl dieser Bücher finden wir auch in der Wittenberger Bibliothek und in Luthers Schriften erwähnt.

in seinem Buche die stärksten Farben auf, wenn es galt, ihre Greuelthaten zu malen. Man wird das als Einseitigkeit zugeben müssen, sie erklärt sich aber zur Genüge aus dem in der That aufserordentlich schlechten Eindruck, den damals nicht nur die Evangelischen von den Thaten der letzten Nachfolger Petri mit Recht gewonnen hatten. Daneben zeigt sich des Barns mangelnde kritische Begabung durch eine ziemlich grofse Unsicherheit in der Kenntnis des allgemeinen Verlaufes der Geschichte, so dafs er sogar ganz fabelhafte Erzählungen, die jeder Chronologie ins Gesicht schlagen, dem Leser, als wenn es untrügliche Wahrheiten wären, berichtet.[1]) Aber auch diese Schattenseite seines Buches wird uns weniger dunkel erscheinen, wenn wir bedenken, in welchem Stadium sich damals überhaupt noch die ganze wissenschaftliche Geschichtschreibung befand. Es wäre eine starke Verkennung der gleichzeitigen Verhältnisse, wenn man dem Barns aus diesen Schwächen der Arbeit einen allzu heftigen Vorwurf machen wollte.

Wenngleich also vom heutigen kritischen Standpunkt aus das Schriftchen nur sehr geringen Wert hat, so ist es doch interessant als der erste Versuch, die Geschichte des Papsttums vom protestantischen Standpunkte aus zu behandeln.

Für unsern Zweck speciell aber ist das Buch des Barns noch aus einem andern Grunde von Wichtigkeit, nämlich wegen der Vorrede Luthers, deren wichtigste Punkte weiter oben bereits citiert worden sind.[2]) Nach dieser Vorrede kann es nicht zweifelhaft sein, dafs Luther das Buch sich sehr genau angesehen und seine Freude daran gehabt hat — galt doch auch ihm der Papst schon lange als der Antichrist, dessen greuliches Wesen er selbst in Rom gesehen und dessen Schandthaten er in zahlreichen Geschichtswerken teils offenkundig, teils zwischen den Zeilen hatte lesen können. Dafs auch er trotz seines scharfen Verstandes und seiner guten Geschichtskenntnisse die Einseitigkeiten und Schwächen des Buches nicht wahrnahm, darf uns hiernach nicht wunder

---

[1]) Cf. unten die Geschichte von Barbarossas Kreuzzug.
[2]) Die Vorrede ist „wegen der Seltenheit des Buches" auch in Fricks deutschem Seckendorf deutsch abgedruckt. Sp. 2551 ff.

nehmen, vielmehr konnte Luther nach seinen Erfahrungen mit Recht jede noch so furchtbare päpstliche Schandthat, deren er in diesem Buche eine ganze Menge verzeichnet fand, als wahrscheinlich annehmen.

Wir dürfen es als gewifs ansehen, dafs dieses Schriftchen des Barns fortan einen besonders eifrig gelesenen Bestandteil von Luthers Bibliothek gebildet hat, und noch in seinem letzten Lebensjahre hat er sich bemüht, die Übersetzung eines Teils des Buches anzufertigen und herauszugeben, wovon weiter unten noch die Rede sein wird.[1])

In demselben Jahre, in welchem die *vitae* des Barns erschienen, wurde der Büchermarkt auch vermehrt durch einen Neudruck der schon 1483 herausgekommenen „Chronik des Konzils zu Kostnitz" von Ulrich von Richental. Luther lernte sie schon bald nach ihrem Erscheinen kennen, denn wir finden sie 1537 in dem Nachwort zu den von Luther herausgegebenen und auch ins Deutsche übersetzten Briefen des Johann Hus erwähnt. Diese Briefe[2]) hatte Luther sich aus einer alten böhmischen Handschrift im Jahre 1536 ins Lateinische übersetzen lassen und sie zusammen mit einem Brief von 57 böhmischen Adeligen an das Kostnitzer Konzil herausgegeben. Nachdem diese Ausgabe noch im selben Jahr von Agricola ins Deutsche übersetzt und um einen kleinen Abschnitt der von ihm schon früher deutsch edierten Erzählung des Mladenovic über Hus vermehrt war, gab Luther 1537 selbst nochmals die Briefe mit jenem erwähnten Nachwort deutsch heraus.[3])

Jene vier Briefe nun, sowie das Schreiben der böhmischen Adeligen hatte Luther, wie erwähnt, einem alten böhmischen Buche entnommen, das sich, mit einer sehr reich ausgestatteten Handschrift zusammengebunden, auf der

---

[1]) Cf. unten „Papsttreu Hadriani" etc.

[2]) Zu denselben vergl. die allerdings teilweise veraltete Ausführung von Riederer, Nachrichten zur Kirchen- etc. Geschichte, Bd. III, 364 ff. Riederer bemerkt, dafs von dieser Lutherschen Briefausgabe auch eine niederdeutsche Übersetzung existiert. Den Titel cf. Riederer a. a. O. S. 367.

[3]) Dafs diese Übersetzung abhängig von der Agricolaschen sei, wie Riederer annimmt, ist irrtümlich (Riederer a. a. O. S. 368).

Wittenberger Universitätsbibliothek befand.[1]) Der ganze Band ist noch heute in Jena vorhanden, und es war mir vergönnt, eine deutsche Übersetzung[2]) desselben aus dem Jahre 1821 von dort zu bekommen, welche sowohl den handschriftlichen, wie den gedruckten Teil enthält. Der Kodex beginnt mit einem Manuskript unter dem Titel „Gegensatz zwischen Christus und Antichrist," das mit zahlreichen sehr kostbaren Bildern geschmückt ist. In diesem „Gegensatz" sind die Lehren Christi und des Antichrists, nämlich des Papstes, in Bibelsprüchen bezw. Sprüchen aus dem *ius canonicum* einander gegenübergestellt.

Auf S. 61a (der Übersetzung) beginnen dann die Briefe des Hus, aus welchen Luther seine Ausgabe herstellte. Auch sie sind, wie das vorhergehende, in böhmischer Sprache, aber nicht Manuskript, sondern eine alte Inkunabel von 1486, wahrscheinlich zu Kostnitz gedruckt. Der erste Brief[3]) beginnt in der mir vorliegenden Übersetzung mit den Worten: „Es ist mir in den Sinn gekommen, Euch wissen zu lassen.." und endet: „Denn der allmächtige Gott kann mich noch aufrichten, Amen." Ihm entspricht der erste Brief bei Luther: *„Venit mihi adhuc et id in mentem — Nam nunc etiam omnipotens Deus potest me liberare, Amen."* Der zweite Brief[4]) der Inkunabel fängt an: „Geliebteste, ich ermahne Euch," schließt mit: „dafs auch der heilige Johannes im Gefängnisse und in Ketten um der Wahrheit Gottes enthauptet ist." — Bei Luther Brief 2: *„Monendos vos esse*

---

[1]) Auf diesen Kodex verwies Riederer, a. a. O. S. 470, und besonders Mylius in der 4. Ausgabe von Seyfrieds *„commentatio de Hussi vita"* (1744) S. 45. Ebenda ist auch der Kodex beschrieben.

[2]) Titel und Beschreibung derselben cf. im Litteraturverzeichnis Nr. 53.

[3]) *Cod. Jen. fol.* 61 a.
Die sehr ausführlichen Adressen lasse ich hier weg, sie sind in allen Briefen bei Luther und in dem Kodex ganz gleichartig. Bei Palacky, *documenta*, ist dies der Brief Nr. 85, S. 137 vom 26. Juni 1415. Die Palackysche Übersetzung stimmt teilweise noch genauer als die Jenenser mit der bei Luther überein.

[4]) *Cod. Jen. fol.* 61 a b. Palacky, *documenta*, Nr. 83, S. 131 vom 24. Juni.

duxi charissimi — quod S. Johannes in vinculis Carceris decollatus sit propter verbum Dei." Der dritte Brief[1]) des Kodex beginnt mit: „Gläubige und in Gott geliebte Herren und Fromme, Reiche und Arme, ich bitte Euch," endet: „Dieser Brief ist abgefafst montags in der Nacht von St. Viti nach dem guten Engel, Amen!" Das Schreiben ist auch bei Luther Nr. 3: „*Qui praeestis aliis, divites et pauperes, in Deo dilecti et fideles, obsecro vos et moneo — Data die Lunae noctu ante Viti per bonum angelum.*" Brief 4[2]) beginnt: „Gott mit Euch! Aus mehreren Ursachen . . ." endet: „Der Brief ist geschrieben Donnerstag vor dem Vorabend des heiligen Petrus, Amen." — Bei Luther vierter Brief: „*Deus vobiscum. Multae causae — Data die Jovis ante Vigilias divi Petri, Amen.*"

Unter dem letzten Brief steht im Kodex: „Diese Sendschreiben hat Magister Johann Hus im Gefängnisse zu Konstanz an die böhmische Gemeinde geschrieben."

Eine Vergleichung der Briefe bei Luther und derjenigen der Inkunabel ergab bis auf wenige unwesentliche Abweichungen, die wohl auf Rechnung der doppelten Übersetzung zu schreiben sind, eine völlige Übereinstimmung, so dafs in dieser Beziehung der Meinung, Luther habe eben jenen Kodex zur Quelle gehabt, nichts entgegensteht. Zur Gewifsheit aber wird diese Annahme, wenn wir die Reihenfolge der Briefe betrachten, die bei beiden völlig gleich ist, obwohl sie der thatsächlichen Chronologie der Briefe nicht entspricht und sich auch sonst nirgends so vorfindet.[3])

Der zweite für unsern Zweck wichtige Inhalt des Kodex bezieht sich ebenfalls zum gröfsten Teil auf die Geschichte des Hus und bringt noch folgendes:

---

[1]) *Cod. Jen. fol.* 61 b b bei Palacky, *documenta*, Nr. 71, S. 115 vom 10. Juni 1415.

[2]) *Cod. Jen. fol.* 61 c. Palacky, *documenta*, Nr. 86, S. 140 vom 27. Juni 1415.

[3]) Cf. die Reihenfolge bei Palacky und die Daten der Briefe. Die richtige Chronologie ist danach 3, 2, 1, 4. In den *epistolae piissimae* findet sie sich ähnlich: 3, 1, 2, 4 in Bogen D.

1. Das Finale *super Joh. Hus*[1]) von Peter von Mladenovic, nach einer kurzen allgemeinen Einleitung historischen Charakters beginnend mit den Worten: „Am Freitage nach St. Petri desselben Jahres, am 5. Tage des Monats Julius, schickte der ungarische König Sigmund ... verschiedene vornehme Standesherren." Der Bericht endet mit dem Tode des Hus und einem Schlußwort des Mladenovic an den Leser: „Ich müßte mich vor dem Angesichte dessen schämen, der jede Lüge sowohl, als jede Wahrheit aufdecken wird, richtend die Lebendigen und die Toten. Ihm sei Ehre in alle Ewigkeit. Amen."

Diesem Berichte folgt wieder ein Stück, das Luther in seine kleine Briefausgabe von 1536 aufgenommen hat, nämlich das „Sendschreiben der Böhmischen und Mährischen Herren Stände nach Kostnitz,"[2]) in dem Kodex beginnend mit: „Den verehrlichsten in Christo Vätern und Herrn, Herrn Kardinälen etc. ...." endigend: „Gegeben zu Prag im Jahr des Herrn 1416, den 22. Tag des Märzmonats[3]) in voller Versammlung der Herren Stände und Staatsbeamten des Königreichs Böhmen und des Markgraftums Mähren mit Anlegung unserer Siegel." Luther führt diesen Brief am Schluß seiner *„tres epistolae"* auf unter dem Titel: *„Epistola dominorum Bohemiae et Moraviae Constantiam missa."* Die 57 Namen,[4]) welche in dem Kodex einzeln aufgeführt sind, läßt

---

[1]) *Cod. Jen. fol.* 61 c b ff.; bei Palacky, *documenta*, beginnend auf S. 316: „*de M. J. Hus condemnatione et supplicio.*" Der Palackysche Bericht stimmt mit demjenigen des *Cod. Jen.* bis auf das etwas abweichende Schlußwort des Mladenovic fast ganz genau überein.

[2]) *Cod. Jen. fol.* 61h; bei Palacky, *documenta*, S. 580.

[3]) Dieses Datum ist in dem *Cod. Jen.* offenbar falsch; ob infolge Übersetzungsfehlers, weiß ich nicht. Bei Luther steht dagegen das richtige Datum mit dem 2. September 1416; ebenso Palacky a. a. O.

[4]) Es sind in der That 57 Namen, wie der *Cod. Jen.* ausweist. Die Namen stimmen mit den bei Palacky, *documenta*, S. 580 f. gegebenen vollständig überein. Dagegen ist das in der Agricolaschen Übersetzung von Luthers Ausgabe angegebene Verzeichnis der Adeligen nach Namen und Zahl unrichtig. Die Namen bei Agricola machen überhaupt den Eindruck, als ob der betreffende Schreiber seine Phantasie habe frei walten lassen. Riederer a. a. O. S. 367 glaubt (irrtümlich) in dem „57" einen Druckfehler zu sehen. Er bemerkt übrigens,

Luther aus. Bei ihm beginnt gleichfalls der Brief mit den Worten: „*Venerandis in Christo patribus, dominis D. Cardinalibus . . .*" und endet: „*Data Pragae Anno a Christo nato 1416 die 2 Septembris ex pleno consilio D. Generosorum regni Bohemiae et Marchionatus Moraviae cum sigillis eorum appensis.*"

Nach diesen Hus betreffenden Schriftstücken folgt nun noch ein Bericht über Hieronymus von Prag mit der Überschrift: „Hier wird vom Magister Hieronymus heiligen Andenkens geschrieben."[1]) An diese 16 Foliospalten lange Erzählung schliefst sich endlich der berühmte Brief des Poggio an Leonhard Aretin.[2])

Die sämtlichen zuletzt erwähnten Stücke sind nicht, wie die Husbriefe, gedruckt, sondern gehören dem handschriftlichen Teile des Kodex an. Die Sprache desselben ist durchweg böhmisch, sogar der Brief des Poggio ist, obwohl ursprünglich lateinisch, in der czechischen Sprache wiedergegeben. Es könnte daher zweifelhaft sein, dafs Luther, der des Böhmischen nicht kundig war, aus diesem Kodex jene Berichte kennen gelernt hat. Andrerseits ist bei seinem Interesse für Hus anzunehmen, dafs er dem Manuskript trotz der fremden Sprache schon früh seine Beachtung geschenkt hat und sich, vielleicht nur mündlich, den weiteren Inhalt desselben von irgend einem in Wittenberg weilenden Böhmen ebenso wie 1536 die Husbriefe hat übersetzen lassen. Genaueres läfst sich freilich darüber nicht sagen.

In demselben Jahre 1537, in welchem Luther die besprochenen vier Briefe deutsch mit ausführlichem Nachwort herausgab, erschien noch eine Sammlung von Hus' Briefen, über die weiter unten eingehend berichtet werden wird. Zu dieser Ausgabe, deren Veranstalter unbekannt ist,

---

dafs noch eine frühere Ausgabe dieses Briefes der böhmischen Adligen, vermutlich 1523 gedruckt, vorhanden sei (cf. Titel bei Riederer a. a. O. S. 369). Dem dort gegebenen Verzeichnis kann vielleicht Agricola seine Namen entnommen haben (Riederer S. 370).

[1]) *Cod. Jen. fol.* 61 i b. Der Bericht ist in böhmischer Sprache abgefafst.

[2]) *Cod. Jen. fol.* 61 n b.

schrieb Luther ebenfalls ein Vorwort. Wir können gewifs sagen, dafs diese Sammlung, die nicht nur Briefe, sondern auch den Mladenovic-Bericht über Hus' Prozefs enthält, weiterhin einen interessanten Bestandteil von Luthers Bibliothek gebildet hat und eine wesentliche Bereicherung seiner Kenntnisse über Hus bedeutete.

Das Jahr 1537 war besonders wichtig durch das von Paul III. angesagte Mantuaner Konzil, das über die Kirchenspaltung beraten sollte.[1]) Luther hatte mit Recht wenig Zutrauen zu diesem Konzil, und man beschlofs, dasselbe evangelischerseits nicht zu beschicken. Damit aber die Väter der Kirche, die dort versammelt waren, doch etwas von Luther hätten, schrieb dieser für dieselben zwei Abhandlungen historischer Art, die mit zahlreichen beifsenden Bemerkungen geschmückt waren. Es war dies erstlich: „Die Lügende von S. Johanne Chrysostomo an die heiligen Väter in dem vermeinten Concilio zu Mantua durch D. Martin Luther gesandt,"[2]) in welcher Luther aus einer alten Heiligenlegende eine unglaublich abgeschmackte und fabelhafte Erzählung von dem heiligen Johannes Chrysostomus ans Licht zog und sie mit sehr scharfem Kommentar versah. In dem Nachwort spricht Luther seine Freude darüber aus, dafs man jetzt solche Lügenpredigt ungescheut verlachen könne, während vor zwanzig Jahren man ihnen bei Lebensgefahr habe unbedingt glauben müssen.[3]) Am Schlufs weist er auf die folgende Schrift hin, gleichfalls für die Mantuanischen Väter bestimmt; nämlich: „Einer aus den hohen Artikeln des Allerheiligsten Bäpstlichen Glaubens, genannt *Donatio Constantini*."[4]) Luther hatte, wie wir wissen, 1520 Laur. Vallas Schrift über diese päpstliche Fälschung erhalten und gab nun den betreffenden Kanon aus dem Dekret Gratians heraus, in einem wohl absichtlich etwas archaisierenden Deutsch geschrieben. Dem übersetzten Texte

---

[1]) Cf. Köstlin Bd. II, 384 ff.
[2]) E. A. 25, 202 ff. Inhaltsangabe siehe unten im dritten Teil.
[3]) E. A. 25, 217.
[4]) E. A. 25, 176 ff.

sind zahlreiche Randbemerkungen beigegeben, ihm folgt ein Nachwort, in welchem Luther seine Ansicht über die Streitfrage klarlegt. Man weifs nicht, was man mehr bewundern soll, die scharfsinnigen, von Witz und Satire überfliefsenden Glossen oder die trefflichen historischen Gedankengänge des Nachworts. In diesem,[1]) um darauf noch etwas näher einzugehen, wird zunächst Laurentius Vallas Erwähnung gethan, sodann die *legenda S. Sylvestri* mit ihren Märlein dem rechten Bericht der *Tripartita* von Konstantins Taufe gegenübergestellt, darauf die Schenkung Konstantins an der Hand historischer Beweise angegriffen: Warum hat der Kaiser seine *donatio* nicht öffentlich gemacht, und warum hat der Papst in den 1200 Jahren seither dies Besitztum nicht öffentlich in Anspruch genommen? so fragt Luther. Weil die Sache eine Lüge ist. Dagegen zeugen auch die Thatsachen, dafs die deutschen Kaiser bis vor 500 Jahren selbst die Päpste eingesetzt haben etc. Erst Bonifaz VIII. und andere „verzweifelte Erzbuben" stellten sich diesem Brauch entgegen. Nun wird in längerer Ausführung das Treiben dieser Päpste geschildert, besonders auch ihre Geldansprüche, Annaten und ähnliches betont und die Ränke der letzten Päpste dargestellt. An zweiter Stelle wird der Ausspruch der *donatio* über die vier Patriarchen erörtert. Zahlreiche historische Gründe beweisen seine Nichtigkeit. Zum Schlufs stellt Luther den ganzen Greuel dem jüngsten Gericht anheim.

Das im vorstehenden kurz skizzierte Nachwort ist ein deutliches Zeugnis dafür, bis zu welcher Sicherheit und Vollkommenheit Luther allmählich in der Kenntnis der Geschichte und in ihrer Anwendung auf die Gegenwart vorgeschritten ist. Die zahlreichen historischen Anführungen werden nur so aus dem Ärmel geschüttelt, und eine ist immer zutreffender als die andere. Man sieht deutlich, Luther lebte in der Historie. Dasselbe tritt zu Tage, wenn wir die Geschichte des Konzils zu Gangra[2]) ansehen, zu welcher Luther ebenfalls 1537 eine

---

[1]) E. A. 25, 182 ff.
[2]) E. A. 65, 57 f. cf. Köstlin Bd. II, 406.

Vorrede lieferte. Nachdem er die Ausgabe des Kymeus und das Konzil selbst gelobt hat, sagt er hier am Schluſs: „Es ist dies Concilion Gangrä auch etlich Mal im heiligen geistlichen Recht angezogen, wie etliche mehr feiner Sprüche der Väter, doch also, daſs des Papsts Maul allzeit die Öbermacht behalte." Da Luther gewiſs nicht speciell das *ius canonicum* nachgeschlagen hat, um diesen beiläufigen Satz seiner Vorrede zu schreiben, so können wir hieraus genugsam ersehen, mit welcher Sorgsamkeit und Genauigkeit er auch seine Studien im geistlichen Recht betrieben hat.

Aus dem nächsten Jahre 1538 wäre noch zweier historischer Vorreden zu gedenken, nämlich derjenigen zu Galeatius Capellas Geschichte von Mailand und der zu dem Briefe des Hieronymus an Euagrius. Jene ist von Wichtigkeit wegen der hier ausgesprochenen Ansichten Luthers über die Geschichtstudien; wir haben die Vorrede schon oben ausführlich behandelt. Der Brief des Hieronymus an Euagrius[1] (oder Euangelus) hatte von je her für Luther ein ganz besonderes Interesse, weil in ihm eine sehr wesentliche Waffe und ein historisches Zeugnis gegen den römischen Primat sich befand. Ein Teil des Briefes ist auch im *decretum Gratiani* abgedruckt, und Luther nimmt Gelegenheit, hierauf in seiner Vorrede hinzudeuten. Die Wichtigkeit des Gegenstandes veranlaſste ihn zu der Herausgabe, nachdem er den Brief früher in seiner Polemik schon häufig benützt hatte. Nach welcher Ausgabe die Edition gemacht worden ist, ist nicht mit Sicherheit zu sagen, wahrscheinlich jedoch nach einer der vielen Erasmischen.

Daſs neben allen diesen Specialstudien auch eifrige allgemeine Beschäftigung mit der Geschichte herging, ist nicht zu bezweifeln. Sie konzentrierte sich im Jahre 1539 wesentlich auf die Konziliengeschichte, wofür Luther seit 1538 ein treffliches Hülfsmittel in der groſsen Konziliensammlung des Franziskaners Petrus Krabbe aus Mecheln erhielt, das er zu wiederholten Malen sehr gelobt hat. Ihren Höhepunkt

---

[1] *V. A.* 7, 541 ff. Cf. hierzu auch Köstlin Bd. II, 107 und unten mehrfach.

und ihre Auswirkung gewinnt diese Beschäftigung mit der Geschichte der Konzilien in Luthers bedeutendster historischer Schrift: „Von den Conciliis und Kirchen," auf welche wir um ihrer Wichtigkeit willen hier noch besonders eingehen müssen.

2. Höhepunkt in Luthers Studien: Die Schrift von den Conciliis und Kirchen.

Den Plan zu dieser Schrift hatte Luther bereits im Jahre 1537 gefafst während seiner schweren Krankheit in Schmalkalden.[1]) Jedoch kam er damals nicht dazu; wir werden aber annehmen dürfen, dafs ihm die Sache im Sinn geblieben ist, und dafs er sich sorgsam mit Vorstudien zu derselben hier und da befafst hat. Denn in der That gehören solche zu einer so vollendeten, auf so scharfer Sachkenntnis beruhenden Schrift, wie diese „von den Conciliis und Kirchen" ist. Endlich, im Anfang des Jahres 1539, kam er an die Ausarbeitung selber. Nach seiner Gewohnheit wurde das Fertige sofort gedruckt, während er selbst noch weiter schrieb. Zur Ostermesse sollte die ganze Arbeit vollendet sein.

Wir wenden uns zu dem Inhalt, wesentlich natürlich die historischen Stellen berücksichtigend: Die Hoffnung auf ein rechtes Reformationskonzil ist vergeblich, so beginnt Luther; der Papst will es nicht leiden; denn er ist der Antichrist und ärgste Feind der Kirche. Deshalb müssen wir uns selbst helfen. Zwar meinen einige, man müsse die Kirche reformieren nach der Weise der alten Konzilien, über welche kürzlich das gute Buch von Peter Krabbe erschienen ist. Aber das geht nicht an; denn es sind Konzilien und Väter nicht immer einig und ein Zusammenbringen derselben, wie auch schon Gratian versucht hat *(Concordantia discordantiarum)*, ist unmöglich. So schreibt auch Augustin, der jetzt 1539 seit 1102 Jahren tot ist, an Januarius: *„Episcopi*

---

¹) E. A. 25, 219 ff. Über die Zeit der Abfassung, wie auch die ganze Schrift, cf. Köstlin Bd. II, 413 ff.

innumerabilibus servilibus oneribus premunt ecclesiam." Aber niemand ist schuldig, diese auf sich zu nehmen. Dagegen soll man nach Augustins Worten die Hauptkonzilien hochhalten. Davon sind „in allen Büchern fast berühmt und bekannt" vier, das zu Nicäa, Konstantinopel, Ephesus und Chalcedon. Augustin hat nur die beiden ersten erlebt. Alle vier sind von den Kaisern, nicht vom Papste einberufen. Zwar wollte der Papst sich solches nicht gefallen lassen, aber niemand hörte darauf. Erst später hat Rom das erreicht. Auch die Väter sind nach Augustins Worten nicht der Schrift gleich zu achten. So wollen wir selbst die Hauptkonzilien vornehmen, um zu sehen, ob nach ihnen die Kirche reformiert werden kann u. s. f.

Zuvor jedoch spricht Luther über das Apostelkonzil. Es wird gezeigt, dafs auch dieses keine genügende Unterlage für eine Reformation giebt. Die Speiseverbote allein würden dafür nicht passend sein.

Das beste und erste Universalkonzil nach dem der Apostel ist das zu Nicäa. Von seinen einzelnen Kanones wird der gegen die *lapsi* angeführt, ebenso der gegen die Kriegsleute. Man müfste demnach wie St. Antonius ein Mönch werden, um Christ zu sein. Es sieht fast aus, meint Luther, als ob dieser Artikel erst später „hineingeklickt" sei. Ebenso wird der Kanon betreffs der Überordnung Roms über die suburbicarischen Kirchen genannt, sowie der gegen die Entmannung und die weiblichen Hausbewohner der Geistlichen. Auch die Ehe der Priester wollte das Konzil verbieten, dagegen sprach aber Paphnutius und drang mit seiner Meinung durch. Soll man nun die hier citierten Artikel als Normen der Reformation betrachten? Gewifs nicht! Ähnlich ist es mit den Satzungen der Väter. Cyprian war der Meinung, die von Ketzern Getauften müfsten wieder getauft werden. Dagegen sprach später Augustin. Aber die meisten Zeitgenossen Cyprians im Orient waren dafür, und auch das Nicänum hat einige Ketzer wiederzutaufen befohlen. Dasselbe bestimmen die *canones Apostolorum*. Wem soll man hier folgen? Man sieht, dafs die Meinung derer falsch ist, welche nach Konzilien und Vätern die Kirche reformieren wollen. Die Sache muſs vielmehr ganz anders angefaſst werden. In keinem Konzil hat man die ganze christliche Lehre, ebensowenig in den Vätern. Deshalb sind dieselben nicht nach dem Buchstaben, sondern nach dem „Verstand" anzusehen.

In dem zweiten Teile wird von den vier groſsen Hauptkonzilien der Reihe nach gesprochen; zuerst also von dem Konzil zu Nicäa, seiner Ursache und seinem Verlauf. Der erste und wichtigste Fall der Verhandlung war der Arianische Streit, nachher wurden noch in Abwesenheit Konstantins andere kirchenrechtliche und disciplinare Sachen geregelt. Ebenso hören wir von der Anzahl der Bischöfe, den festgesetzten Kanones, vom Osterstreit u. s. w.

Es hat also das Konzil im wesentlichen nur einen schon längst bestehenden Glaubensartikel neu bestätigt. Nachher aber wurde der Streit viel ärger als zuvor. Es folgt eine längere Auseinandersetzung der Lehre des Arius, worin auch der *dialogus Athanasii cum Ario* angezogen wird.

Das zweite Hauptkonzil zu Konstantinopel hatte zu kämpfen gegen die Macedonianer. Weil der Papst Damasus nicht teilgenommen hatte und selbst ein römisches Konzil berief, gab es hernach einen Streit mit diesem. Die Entstehung des Primats wird nebenbei geschildert. Auch dieses Konzil hat auſser der Einsetzung eines Patriarchen zu Byzanz nichts Neues eingeführt.

In gleicher Weise wird sehr ausführlich die Geschichte des dritten Universalkonzils zu Ephesus berichtet, sowie eine längere Darlegung über Nestorius' Ketzerei gegeben. Bei dem Chalcedonensischen Konzil bedauert Luther, keine zuverlässigen Quellen mehr zu haben, da Rufin und *Tripartita* nicht so weit reichen. Er hält sich mit scharfer Kritik an des Papstes Historien, wie Platina, Leos Briefe und Krabbes Konziliensammlung. Auch hier wird sehr eingehend über Eutyches gesprochen.

Eine kurze Rekapitulation hebt nochmals hervor, daſs alle vier Hauptkonzilien nichts Neues schaffen wollten und auch nicht geschaffen haben.

Auf Grund dieser historischen Untersuchung wird dann mit grofser Schärfe klargestellt, was das Wesen eines Konzils ist. Zum Schlufs bittet Luther nochmals um ein rechtes, dem Vorhergesagten entsprechendes Reformationskonzil.

Der dritte Teil der trefflichen Schrift handelt von der Kirche. Wir verzichten jedoch auf die Wiedergabe des Inhalts, da keine historischen Notizen von Belang in demselben vorkommen.

Überblicken wir die ganze Schrift, so können wir sagen, dafs wohl bei keiner andern die Gründlichkeit der historischen Studien Luthers so zu Tage tritt, wie bei dieser. Diese Sorgsamkeit und Gründlichkeit äufsert sich hier in verschiedener Weise. Gehen wir vom Einzelnen aus, so bemerken wir vor allem eine besondere Fülle von Notizen, die zum Teil recht entlegenen Quellen entnommen sind. Nichts wird vergessen, was irgendwie zur Veranschaulichung dienen könnte. Besonders die Schilderung des Nicänischen Konzils ist in dieser sauberen, sorgsamen Weise geschrieben, von dem Briefe Konstantins bis zum Auseinandergehen der Bischöfe. Aber auch die Darstellung der andern Konzilien enthält eine Menge kleiner Einzelheiten, die von Luthers Gründlichkeit Zeugnis ablegen. Der Name des berufenden Kaisers, die Jahreszahl, die Menge der Bischöfe wird angegeben, einige Hauptpersonen werden geschildert, und gerade zu solchen Personenschilderungen eignet sich Luthers einfache, klare und wahrheitsliebende Schreibart ganz besonders. Den Nestorius z. B., wie er ihn uns malt, glaubt man leibhaftig vor Augen zu sehen.

Und neben dieser Kleinmalerei — wie gewaltig sind die Konzilien im allgemeinen geschildert! Über dem Einzelnen vergafs Luther das Ganze nicht. Mit Energie drängt die Darstellung dem einen Ziele zu, darzuthun, dafs Konzilien nicht neue Glaubenssatzungen aufzustellen, sondern nur die alten zu bewahren und über Abirrende als ein Konsistorium Recht zu sprechen haben. Mit Klarheit und Schärfe sind die betreffenden Züge, die Hauptmomente der einzelnen Konzilien hervorgehoben und — was das wesentlichste ist —

nicht etwa zu Gunsten der Einheitlichkeit verzerrt, sondern überall der Wirklichkeit entsprechend. Diese Thatsache beweist am besten, wie genau Luther gesehen hat und mit welcher Genialität er die springenden Punkte zusammenzufassen wuſste.

Um so gröſser aber wird unsere Anerkennung, wenn wir die verhältnismäſsig doch recht schwachen Hülfsmittel[1]) überblicken, die ihm für seine Arbeit zu Gebote standen. Freilich hatte er viel gelesen und manche Notiz aus weiterabliegenden Quellen hat, wie schon erwähnt, zur Erhellung der Thatsachen beigetragen; aber immerhin muſste er sich in der Hauptsache doch an die alten Kirchengeschichten des Eusebius-Rufin und des Cassiodor mit ihrer engherzigen, zusammengestoppelten Darstellung halten. Daneben diente ihm Platinas kurialistisch tendenziöse Papstgeschichte, Krabbes Konziliensammlung — zwar sorgfältig, aber ohne rechte Kritik gearbeitet —, die Briefe der römischen Päpste, besonders des groſsen Leo u. ä. Mit verständnisvoller Treue hat er sie benutzt, so daſs wir sogar ganze Abschnitte angeben können, die gewissermaſsen nur paraphrasiert sind.[2]) Aber daneben lieſs er es an scharfsinniger Kritik nicht fehlen. Die Zeit, wo man alles in den Vätern Geschriebene glauben muſste, lag schon weit zurück. So sehen wir seine Kritik besonders den „italischen Historikern" gegenüber recht scharf vorgehen, und lebhaft bedauert er, auf sie allein angewiesen zu sein bei der Darstellung des *Chalcedonense*.[3])

Selbst die Konjektur[4]) muſste Luther zu Hülfe nehmen, wo ihn seine Quelle ganz im Stich lieſs, und auch hier hat sein klares, nüchternes Urteil manches Treffende gesehen. Vorzüglich ist z. B. die Darstellung der Irrlehre des Nestorius. Auch bezüglich derjenigen des Eutyches war er auf dem rechten Wege, doch schreckte ihn die

---

[1]) Die hier zu nennenden sind sämtlich hier und da in der Schrift „von den Conciliis und Kirchen" selbst citiert.
[2]) Z. B. die über den Arianismus cf. weiter unten.
[3]) E. A. 25, 316 f.
[4]) Cf. hierzu unten im dritten Teil Nestorius und Eutyches.

Ungeheuerlichkeit der Konsequenzen zurück und liefs ihn auf eine falsche Linie abirren.

Bei alledem soll gern zugestanden werden, dafs er doch einiges aus dem Geiste seiner Zeit heraus mifsverstanden hat, wie z. B. die Anschauung von dem Kanon des nicänischen Konzils gegen die *subintroductae*, die Meinung, die Arianer hätten einiges in die Nicänischen Kanones eingeschoben u. a. m.; aber alle solche Mifsgriffe gehen doch nur auf nebensächliche Dinge, in den Hauptsachen behält er auch heute noch recht.

Überdenken wir nochmals die Vorzüge der Schrift „von den Conciliis und Kirchen", die Fülle der Einzelheiten, die Klarheit des Ganzen, die zielgemäfse Zusammenfassung der Thatsachen, die objektive Richtigkeit der Anschauung bei mangelhaften Quellen, endlich die Gewandtheit der Konjekturen, so glauben wir den in der Überschrift ausgesprochenen Satz voll und ganz aufrecht halten zu dürfen: Luthers Schrift „von den Conciliis und Kirchen" bezeichnet den Höhepunkt in seinen historischen Studien.

3. Historische Arbeiten Luthers an seinem Lebensabend.

Drei Arbeiten sind es, welche uns in dieser Zeit bei Luther begegnen, die *„supputatio annorum mundi"* oder „Chronika", die „Papsttreue Hadriani" und „wider das Papsttum zu Rom vom Teufel gestiftet", aufserdem noch eine Vorrede zu *„Richardus confutatio alcoran"*. Die „Chronika Dr. Martin Luthers" erschien im Jahre 1541 bei Georg Rhau in Wittenberg und umfafst 105 Blätter in klein Quart.[1]) Nach der Vorrede hatte Luther sich dieselbe bereits seit längerer Zeit zum eigenen Gebrauche hergerichtet, *„non ut esset Chronicon vel Historicon, sed ut ob oculos positam haberem veluti tabulam ad inspicienda tempora et annos*

---

[1]) Titel und Beschreibung der beiden Ausgaben cf. im Litteraturverzeichnis Nr. 9. 10. Zu der Arbeit selbst siehe auch Köstlin Bd. II, 509 f.; Kolde Bd. II, 528 f.; auch Frick, Deutsch. Seckendorf, Sp. 2504 und Mathesius, *vita Luth. fol.* 133 weisen auf die treffliche kleine Arbeit hin. Luther selbst erwähnt die erste Ausgabe einmal in seiner Auslegung von Genesis 34. *E. O.* 8, 247.

Historiarum .." Nur von seinen Freunden gedrängt gab er sie heraus und nahm in der Vorrede Gelegenheit, auf das „*Chronicon Charionis Philippicum*" hinzuweisen, welches die beste Berechnung der Jahre der Welt sei, und nach dem er auch diese *supputatio* gearbeitet habe. Die von Melanchthon überarbeitete[1]) Chronik des Carion war 1532 in Wittenberg erschienen. Leider stand mir das Original nicht zur Verfügung, so dafs ich nicht kontrollieren konnte, wie weit die angedeuteten Beziehungen zwischen Luthers *supputatio* und Carions Chronik gehen.[2]) Fest steht jedoch, dafs Luther die Fehler, welche Carions Berechnung hatte, in seine Chronik mit übernommen hat; vor allem diejenigen, welche sich aus der um sechs Jahre zu späten Ansetzung von Konstantins Tode ergeben. Durch diese verschieben sich von 337 an auf eine längere Reihe von Jahren sämtliche Daten.

Die Einrichtung des Originals von Luthers Chronik war folgende: Jede Seite ist in zwei Kolumnen geteilt durch einen doppelten Mittelstrich, rechts und links am Rande befinden sich gleichfalls senkrechte Linien. Der Mittelstrich ist durch kleine Querlinien, ca. 30 an Zahl auf jeder Seite, wie ein Mefsband eingeteilt. Je ein Decennium wird durch eine neben dem betreffenden Querstrich stehende X gekennzeichnet und an der äufseren Seite des Spatiumstriches werden die Jahrhunderte durch Ziffern bemerklich gemacht. In dieses Linienschema mit seinen zwei Kolumnen[3]) trug nun Luther an den betreffenden Jahresstrichen das ihm wichtig Erscheinende ein, und zwar meistens nur Namen, hier und da auch einige kurze Zusätze. Am ausführlichsten sind seine

---

[1]) Daher „*Philippicum*".

[2]) Dagegen war es interessant, in der späteren, erweiterten Ausgabe Melanchthons (*Corp. ref.* Bd. XII) vieles hervorgehoben zu sehen, was gerade auch für Luther von besonderem Interesse war. Eine genaue Vergleichung dieser Ausgabe mit den im unten folgenden dritten Teil zusammengestellten Notizen aus Luthers Kenntnissen möchte vielleicht manche Aufklärung bieten über die Frage, inwieweit Melanchthons historische Bestrebungen auf Luther von Einflufs gewesen sind.

[3]) Es ist mir nicht ganz klar geworden, ob die Verteilung der Einträge auf die beiden Kolumnen einem bestimmten Princip folgte, oder eine willkürliche ist. Ich möchte das letztere annehmen.

Bemerkungen und Einträge in den Zeiten des Alten Testaments,[1]) während sie späterhin immer seltener und kürzer werden.

Eine zweite, vermehrte Ausgabe der *supputatio* erschien im Jahre 1545, ein Beweis, dafs Luthers Arbeit Anklang gefunden hatte. In dieser zweiten Ausgabe ist besonders die Zahl der Notizen des nachchristlichen Teils erheblich vergröfsert. Es dürfte von Interesse sein, dieselben hier unter Angabe der Jahre zusammenzustellen, denn wir gewinnen so am besten einen Überblick darüber, welche Ereignisse Luther für besonders bemerkenswert hielt. In der folgenden Tabelle sind jedoch die Kaiser-Listen, da sie kaum eine Auslassung zeigen, fortgelassen, ebenso der Katalog der Päpste[2]) mit Ausnahme derjenigen Namen, bei welchen noch eine besondere Bemerkung steht. Die eckigen Klammern bezeichnen diejenigen Notizen, welche allein in der zweiten Ausgabe stehen:

anno post Christum:

63. *[Circa hoc tempus nascitur volumen volans Zachariae 5. Thalmud Jerosolymitanum.]*
69. *S. Petrus et Paulus occisi a Nerone.*
74. *Vastitas Jerusalem anno 40 post passionem Christi et 74 post nativitatem.*
108. *[Ben Cosban Cochab.]*
zw. 100 u. 110. *[Nascitur volumen volans i. e. maledictio Thalmud Babylonicum, quo maxime utuntur Judaei vide Burg. Esra 34, Zach. 5.]*
138. *[Cochab occiditur.]*
199. *Origenes.*
247. *Roma hoc anno est mille annorum.*
250. *Gottorum initium cum 300 000 hominum contra Romanos.*

---

[1]) Dieser Abschnitt umfafst, der Länge der Zeit entsprechend, in der ersten Ausgabe 67 Blätter gegen 32 der nachchristlichen Periode. Erst für die Zeit seines eigenen Lebens werden die Notizen wieder zahlreicher.

[2]) Dies Verzeichnis ist in der ersten Ausgabe viel dürftiger, als in der zweiten.

278. *Manichei.*
288. *Diocletianus offensus forte sectis Christianorum, voluit omnia restituere, Sicut et nunc et semper moverunt scandala Ecclesiae, gentes.*
310. *Separatio* { *Francorum.* / *Alemannorum.* }
322. *Arius.*
326. *Concilium Nicenum an. 14. Constantini.*[1])
361. *Augustinus nascitur 19. Constantii.*[2])
365. *S. Martinus baptisatur a Sancto Hilario episcopo Pictaviensi.*
370. *[S. Hilarius obiit.]*
376. *[S. Martinus fit episcopus.]*
378. *S. Ambrosius fit episcopus.*
386. *Concilium Constantinopolitanum anno 3. Gratiani.*
391. *Augustinus baptisatur.*
397. *Augustinus presbiter.*
zw. 390 u. 400. *[Joannes Eremita claret.]*
„ 400 „ 410. *Gotthi.*
412. *Roma a Gotthis capta anno Christi 42 Alricho.*[3])
436. *Augustinus moritur.*[4])
437. *Concilium Ephesinum anno 10. Theodosii.*
456. *Roma a Wandalis capta.*
458. *Concilium Calcedonense anno 4. Martiani. Post Valentinianum Italia lacerata turbatur usque ad Carolum Magn.*
548. *Roma vastata a Gotthis per Totilum an. 548.*
566. *Longobardi in Italia morantur.*
594. *[Gregorius magnus ultimus Episcopus Romanae ecclesiae, sequentes sunt Papae, id est Pontifices Rom. Curiae.]*

---

[1]) Cf. dazu und zur folgenden Zahl unten. Bei „Augustinus" beginnt die Verschiebung der Zahlen um ca. 6 Jahre auf längere Zeit, weil Carion Konstantins Tod erst ca. 342 ansetzt. Er rechnete 30 Regierungsjahre, nämlich 312—342, statt sie von 305 ca. bis 337 anzusetzen.

[2]) 1. Ausgabe: *Constantini.*
[3]) 1. Ausgabe richtig 412.
[4]) 1. Ausgabe: *Augustus.*

606. *Primatus Papae stabilitur, id impetravit Bonifacius tertius. Nota: Bonifacius est nomen papale, q. bona facies, Quia bona specie, pessima facit Deo in hominibus.*
630. *Mahomet incipit an. 630 Et. 18. Heraclii.*[1])
ca. 1000. *Institutio septemviratus in Imperio seu 7. electorum sub Ottone 3.*
1000. *Finito illo millenario solvitur nunc Satan. Et fit episcopus Romanus Antichristus etiam vi gladii.*
1075. *[Gregorius 7. Hellebrand, Larva Diaboli.]*[2])
1080. *Bernhardus nascitur.*
1112. *Bernhardus fit monachus.*
1122. *Bernhardus Abbas 36 annis in quibus aedificat 160 Monasteria.*
1136. *[Gratianus Decreti compilator.]*
1150. *[Sub Conrado* { *Petrus Comestor Magister historiae scholasticae. Petrus Lombardus Magister sententiarum.]*
ca. 1200. *Franciscus, Dominicus, Mendicantes Ordines sub Philippo.*
1204. *[Innocentius tertius Hypocrita insignis.]*
1207. *[S. Elisabeth nascitur.]*
1214. *[Honorius 3. Deus Francisci et Dominici.]*
1226. *[S. Franciscus moritur.]*
1231. *[Antonius de Padua.]*
1235. *[Elisabeth Marpurgi canonisatur.]*
1300. *[Bonifacius 8. Monstrum, Intravit ut vulpes, regnavit ut leo, mortuus ut canis.]*
ca. 1300. *Sub hoc Alberto crevit Othomannus, Unde ista familia Turcarum.*
1305. *[Papa Clemens 5. Clementinarum opifex.]*
1305. *Sedes Papae in Gallia Avinion 74 an.*
1310. *[Lyrae quaestio quodlibetica.]*

---

[1]) 1. Ausgabe 930.
[2]) Die ganze Zeile im Original auf dem Kopf stehend, ebenso bei einer Anzahl der folgenden Päpste als ein Zeichen ihrer Schlechtigkeit.

1328. *Nico. Lyra complet suam postillam, ut dicit Dan. 9.*
ca. 1350. *Origo Sueitzer.*
1382. *Hic incipit Schisma trium Paparum, quod duravit 39 annis. Signum certum ruituri papatus, ut Apocalyp. praedixit, Civitatem Babylonicam in tres partes dividendam. Hinc sequitur ruina Antichristi et finis.*
1394. *Johannes Hus incipit.*
1403. *Tamerlanus Schyta,* ein Schotte.
1410. *[Johannes 23,* das frome Kind.*]*
1414. *Concilium Satanae Constantiense 4. annis.*
1416. *Sanctus martyr Christi Joannes Hus ab Antichristo exustus Constantiae, cum socio Martyre Hieronymo de Praga.*
1418. *Resedit sedes Papae ex Gallia ad urbem post 39 annos schismatis.*
1430. *[Burgensis Additiones in Lyram.] [Burgensis Scrutinium.]*
1433. *[Concilium* { *Basiliense. Ferrariense. Florentinum.]*
1444. *[Vladislaus polo. Rex caesus apud Varnam ab Amurate.]*
1453. *Expugnatur Constantinopolis a Mahomete Turca.*
1497. *Morbus novus Gallicus, alias Hispanicus cepit, Ex insulis novis repertis in Occidente (ut dicitur), Unum de Signis magnis ante diem extremum.*

Aus dem vorstehenden Verzeichnisse tritt deutlich zu Tage, welche geschichtlichen Ereignisse Luther besonders interessierten. Wir bemerken zahlreiche Namen von Kirchenvätern, die vier Hauptkonzilien, Christenverfolgung, Sekten; wir finden besonders die wichtigsten Thatsachen und Personen aus der Geschichte des päpstlichen Primats citiert, wir sehen aber zugleich zwischen etwa 600 und 1000 eine grofse Lücke in den Aufzeichnungen, die im Urdruck nur durch einige Kaisernamen ausgefüllt wird. Durch letzteres wird von neuem bewiesen, was schon oben bei Besprechung der Leipziger Disputation erörtert wurde, dafs nämlich die schwächste Seite von Luthers kirchengeschichtlichen Kenntnissen in den Zeiten des tiefsten Mittelalters lag, also von ca. Gregor dem Grofsen bis zum elften Jahrhundert hin. Diese geringe Kenntnis mag zum Teil eine Folge der Mangelhaftigkeit der Quellen sein, zum Teil auch darauf beruhen, dafs gerade diese Zeit ein besonderes kirchengeschichtliches Interesse für Luther nicht dargeboten hat, mit Ausnahme der Regierung des grofsen Karl.[1]) Interessant ist in dieser Beziehung eine Vergleichung der kurzen Notizen in der *supputatio* mit den weiter unten im dritten Teil zusammengestellten geschichtlichen Bemerkungen Luthers in ihrer Gesamtheit. Alle wichtigen Daten, die Luther sonst irgendwo gegeben hat, besonders diejenigen, welche er mit Vorliebe anwandte, finden sich sicher auch in der Chronika in Form einer kurzen Notiz. So können wir die zweite Ausgabe der *supputatio*, am Ende von Luthers Leben erschienen, als ein vortreffliches Resumé des gesamten von ihm verarbeiteten Geschichtsstoffes *in nuce* ansehen, und von diesem Gesichtspunkte aus betrachtet hat dieselbe gerade für die vorliegende Arbeit ihren besonderen Wert.

Die zweite historische Schrift, mit der sich Luther damals beschäftigte, ist das kleine Büchlein[2]): „Papsttreue Hadriani IV. und Alexander III. gegen Kaiser Friedrich Barbarossa geübt." Sie erschien 1545 in Wittenberg und ist, soviel mir bekannt, bisher gar nicht beachtet worden. Selbst von Köstlin und Kolde wird sie nur mit wenigen Worten berührt, ohne dafs wir etwas über ihren Ursprung und Verfasser erfahren. Es ist mir jedoch gelungen, über beides einiges Licht zu bekommen:

1. Der Ursprung ist mit wenigen Worten klarzulegen: Die Papsttreu ist nichts anderes, als eine wortgetreue Übersetzung der *vita Hadriani IV.* und der *vita Alexandri III.*, welche in dem oben erwähnten Buche des Barns *de vitis*

---

[1]) Dieser wird in der *supputatio* auch nur ohne weitere Bemerkung aufgeführt.

[2]) E. A. 32, 358—396.

pontificum den Schluſs bilden. Ausgelassen sind in der Übersetzung nur die Quellen, welche Barns am Schlusse jedes Abschnittes angiebt. Aufserdem finden sich einzelne unwesentliche Umstellungen, die nur zu Gunsten der Übersetzung gemacht sind, sowie ab und an eine geringfügige Kürzung. Auch sind nicht alle Randbemerkungen des Barns mit übersetzt.

2. Als ursprünglicher **Verfasser** ist somit Robert Barns anzusehen. Wer aber war der **Übersetzer?** Das lateinische Original der Papsttreu, nämlich die *vitae* des Barns, erschien zu Wittenberg 1536, wie oben erwähnt, mit einer lobenden Vorrede Luthers versehen. Wenn wir auch annehmen müssen, daſs Barns sein Buch in England abfaſste und fertig mitbrachte, so werden wir doch nicht fehlgehen mit der Behauptung, daſs das Buch jedenfalls sofort eifrig von Luther durchgelesen worden ist, was schon die Vorrede desselben bezeugt. Nichts liegt näher als der Gedanke, den Übersetzer, also gewissermafsen den Verfasser unserer „Papsttreue", auch in Wittenberg zu suchen und — ihn zu finden in Luther selbst. Ich habe dafür folgende Gründe:

a) Für die Autorschaft Luthers sprechen zunächst gewichtige innere Gründe, wie eine Anzahl von Ausdrücken, welche den Luther ganz eigentümlichen Sarkasmus und Witz deutlich zeigen. Das macht sich nicht nur in einzelnen Worten bemerkbar, sondern geht durch die ganze Schrift hindurch und ist am auffälligsten an den Stellen, wo der Übersetzer von seinem Original ein wenig abweicht.[1])

Die Sprache der Übersetzung ist etwas schwerfällig und archaistisch. Hier und da ahmt sie mit Absicht und glücklichem Humor den Kurialstil[2]) nach. Eine ganz ähnliche Redeweise aber finden wir in der von Luther übersetzten *donatio Constantini*,[3]) und der Schluſs, daſs der Übersetzer

---

[1]) Auf die hier erwähnten Einzelheiten wird unten in den Anmerkungen zum Text der Papsttreu noch näher hingewiesen.

[2]) So besonders in den Briefen, die darin vorkommen.

[3]) Auch sonst hat die „Papsttreu" vielfache Ähnlichkeit mit der „*donatio Constantini*". Die Art der Anmerkungen ist völlig gleich, ebenso die Behandlung des ganzen Gegenstandes. **Der Unterschied**

dieser Arbeit auch der der Papsttreu sei, ist nicht sehr fernliegend.

Vor allem aber gehören zu den inneren Gründen, die für Luthersche Abfassung eintreten, die Randbemerkungen in der Papsttreu. Sie stammen ganz unzweifelhaft von Luther,[1]) denn nur aus seiner Feder konnten solche kurze treffende Glossen hervorgehen. Und diese Randbemerkungen stimmen an manchen Stellen teils genau, teils dem Sinne nach mit den lateinischen Marginalnoten des Barns zusammen.[2]) Sollen wir nun annehmen, dafs Luther, dem Witz und Schärfe für etwaige Glossen reichlich zu Gebote standen, erst seinen Barns hervorgeholt hätte, um nachzusehen, was der an diesen Stellen meint? Diese Vorstellung wäre durchaus verkehrt, müfste aber der Wirklichkeit entsprechen, wenn wir Luther nur Vorrede und Glossen zuschreiben. Es ist vielmehr der Gedanke gar nicht abzuweisen, dafs Luther selbst der Übersetzer des Schriftchens ist und dabei, wie es ihm pafste, die Barnsschen Glossen hier und da mit herübergenommen hat.

b) Zu diesen inneren Gründen kommt noch ein sehr beweiskräftiger äufserer Grund: In einem Briefe des Nikolaus Rudolf aus Wittenberg an Magister Stephan Roth in Zwickau vom 23. Februar 1545 findet sich folgende Stelle[3]): *„Dicunt autem, Lutherum duos iam componere libros in papam, quibus vicissim eum ulciscatur et egregie eum depingat coloribus suis.“* In einer Anmerkung dazu sagt der Herausgeber Buchwald (aber ohne die Konsequenzen zu ziehen), diese Bücher seien „wider das Papsttum zu Rom vom Teufel gestiftet" und eben unsere „Papsttreu". In der That können nur diese beiden hier in Frage kommen, da man die gleichfalls in jenem Jahre erschienenen Papstbilder Kranachs,

---

findet sich jedoch, dafs auf dem Titel der Papsttreu nur steht: „mit einer Vorrede D. M. Luthers," wohl deshalb, weil aufser Vorrede und Glossen weiter nichts Originales von ihm stammt, während in der *donatio* ja noch ein längeres Nachwort angehängt ist.

[1]) So nimmt z. B. auch Irmischer in seiner Vorbemerkung zur Papsttreu an (E. A. 32, 358).

[2]) Cf. dieselben unten in der „Papsttreu".

[3]) Bei Buchwald, Zur Wittenberger Stadt- und Universitätsgesch., S. 179.

die mit Spottversen Luthers versehen waren, kaum als *liber* bezeichnen kann, und da dieselben aufserdem erst auf Grund der Schrift „wider das Papsttum" von Kranach gezeichnet wurden, also jedenfalls erst im zweiten Viertel des Jahres 1545.

Das eine der beiden von Rudolf erwähnten Bücher ist also zweifelsohne unsere Papsttreu, und es ist nicht anzunehmen, dafs sich das „*componere librum, quo depingit papam coloribus suis*" nur auf Bevorwortung und Glossierung von seiten Luthers" bezieht, sondern sicherlich ist auch der Inhalt gemeint, den Luther aus den beiden Einzelbiographien des Barns zusammengetragen und übersetzt hat. Gerade für eine solche Arbeit würde der Ausdruck „*componere*" sehr entsprechend sein.

Die angeführten Gründe sind meiner Ansicht nach vollständig hinreichend zu dem Beweise, dafs Luther der Übersetzer der Papsttreu ist. Wollen wir uns den thatsächlichen Lauf der Dinge vorstellen, so können wir sagen: Bei der Lektüre der *vitae pontificum* seines Freundes R. Barns hat Luther am Schlusse die Schandthaten Hadrians IV. und Alexanders III. sehr geeignet gefunden, das wahre Wesen des Papsttums zu illustrieren und hat es dann in den letzten ruhigen Jahren seines Lebens selbst unternommen, diese Beispiele durch Übersetzung, Kommentierung und Bevorwortung dem deutschen Volke allgemein zugänglich zu machen, da sie, wie auf dem Titel steht, nützlich zu lesen sind.

In derselben Zeit wie die Papsttreu erschien auch Luthers letzte gewaltige Streitschrift „wider das Papsttum zu Rom vom Teufel gestiftet".[1]) Scharf und schneidig geht er hier noch einmal vor gegen den alten Feind und deckt alle seine Sünden auf. Obwohl der Ton der ganzen Schrift leidenschaftlich bis aufs äufserste ist, läfst Luther sich dennoch Zeit zu zahlreichen historischen Erörterungen, die sich natürlich wesentlich auf die Geschichte des Papsttums beziehen. So bespricht er das grofse Schisma und seine Beilegung zu Kostnitz, wofür ihm vielleicht die 1541 erschienene

---

[1]) E. A. 26, 110 ff.

Chronik des Johann Stumpf gedient hat, er schildert die Entstehung des Primates und den Verlauf des Streites um denselben, schliefslich geht er nochmals auf die Konzilien ein. Auch Geschichten von einzelnen Päpsten hören wir, so die von Paul II. und dem Amtmann zu Roncilion, die man Luther bei seinem römischen Aufenthalt erzählt hatte, so den Streit Paschalis II. mit dem Erzbischof von Palermo, für den das Dekret Quellenstoff bot u. a. m. Ist auch das überreichlich strömende Material nicht ganz so sorgsam behandelt, wie es in der Schrift „von den Conciliis und Kirchen" der Fall war, so können wir um so mehr Luthers geschichtlichen Sinn bewundern, der es fertig brachte, mitten in einer so leidenschaftlich bewegten Schrift längere historische Beweisführungen und Illustrationen so einzuschieben, dafs weder der Wahrheit der einzelnen Geschichte, noch der Leidenschaft und Ursprünglichkeit der ganzen Schrift Abbruch gethan wird. Das konnte nur ein Mann, dem die Geschichte vollständig in Fleisch und Blut übergegangen war, und so sehen wir noch einmal am Schlusse das bewährt, was Luther zeit seines Lebens nicht aus den Augen gelassen, dafs ein sorgfältiges Eindringen in die Geschichte nächst dem Studium der heiligen Schrift nicht nur die gröfste Freude ist, sondern auch die trefflichste Hülfeleistung auf allen Gebieten des geistigen Lebens darbietet.